内蒙古财经大学工商管理学术文库
NEIMENGGU CAIJING DAXUE GONGSHANG GUANLI XUESHU WENKU

KANMENREN SHIJIAO:
KUAGUO GONGSI ZHISHI ZHUANYI JIXIAO YINGXIANG YINSU YANJIU

赵云辉 ◎ 著

看门人视角：

跨国公司知识转移绩效影响因素研究

中国财经出版传媒集团

 经济科学出版社
Economic Science Press

图书在版编目（CIP）数据

看门人视角：跨国公司知识转移绩效影响因素研究/赵云辉著.
—北京：经济科学出版社，2016.12
（内蒙古财经大学工商管理学术文库）
ISBN 978 - 7 - 5141 - 7675 - 9

Ⅰ.①看… Ⅱ.①赵… Ⅲ.①跨国公司 - 知识资源 -
转移 - 研究 Ⅳ.①F276.7

中国版本图书馆 CIP 数据核字（2016）第 322944 号

责任编辑：庞丽佳
责任校对：王肖楠
责任印制：邱　天

看门人视角：跨国公司知识转移绩效影响因素研究

赵云辉　著

经济科学出版社出版、发行　新华书店经销

社址：北京市海淀区阜成路甲 28 号　邮编：100142

总编部电话：010 - 88191217　发行部电话：010 - 88191522

网址：www. esp. com. cn

电子邮件：esp@ esp. com. cn

天猫网店：经济科学出版社旗舰店

网址：http://jjkxcbs. tmall. com

固安华明印业有限公司印装

710 × 1000　16 开　15.25 印张　230000 字

2016 年 12 月第 1 版　2016 年 12 月第 1 次印刷

ISBN 978 - 7 - 5141 - 7675 - 9　定价：49.00 元

（图书出现印装问题，本社负责调换。电话：010 - 88191510）

（版权所有　侵权必究　举报电话：010 - 88191586

电子邮箱：dbts@ esp. com. cn）

总　序

《国家中长期教育改革与发展规划纲要（2010－2020）》提出要全面提高高等教育质量、提高人才培养质量、提升科学研究水平、增强社会服务能力、优化结构办出特色。国家更高水平的普及教育使新增劳动力平均受教育年限由 12.4 年提高到 13.5 年，要求高等学校能为社会和区域经济发展培养输送更多高素质人才。"十三五"时期，高等学校将面临重大机遇与严峻挑战。一是人力资源强国战略对高层次应用型人才提出新的要求。二是学位授权审定办法改革以及"双一流"建设促使高校加快学科专业优化调整。三是以互联网为代表信息技术对高等教育改革产生全方位影响。四是国家倡导深入推进高校创新创业教育改革对人才培养提出新要求。五是在国家"一带一路"倡议的背景下，地处边疆民族地区的高校有了更多的跨国际、跨民族、跨文化交流、合作和竞争的机会。六是深化综合改革是高校未来一段时间建设和发展的重要主题。高等学校正在由外延型发展转变为内涵式发展，如何调整内部结构，优化学科专业布局，突出办学特色，已经成为所有高等学校面临的重大抉择。同时也对高等学校进一步提高人才培养质量，提升学校的社会影响力和竞争力提出了更为迫切的要求。

内蒙古财经大学工商管理学院是内蒙古自治区工商管理教育的重要基地，承担着内蒙古财经大学工商管理一级学科、内蒙古自治区级重点学科——企业管理二级学科建设任务，同时也是企业管理专业硕士学位授权点、内蒙古中小企业发展研究基地的"领衔"建设单位。

内蒙古财经大学工商管理学院经过几十年的建设和发展，以"育人为本、质量立校、人才强校"的办学理念为根本，坚持以"调整结构、优化布局，突出特色、强化应用，开放合作、服务地方"作为发展思路，立足内蒙古，面向全国，接轨国际，已经成为内蒙古地区特色鲜明、优势突出，有较高社会影响力的集管理理论研究与应用、专业人才培养与社会服务相结合的高水平的工商管理学院。

"十二五"期间，工商管理学院以学科建设为龙头，以课程建设为基础，以课堂教学质量为抓手，着力加强师资队伍建设取得明显成效。目前具有高级职称的教师在专任教师中的比重已达到70%；博士和在读博士的比重已近40%；具有海外访学经历的教师所占比重达到30%。并涌现出许多优秀的中青年教师。他（她）们在各自的研究领域辛勤耕耘，无畏探索，勇于创新，特别是在交叉学科和边缘学科的研究以及学科融合方面做出了大胆有益的尝试，取得了较好的阶段性成果。概括的讲他（她）们的研究成果具备以下特点：

1. 前瞻性。选题的视角非常超前和独特，他（她）以学者的眼光敏锐捕捉到当前经济生活中的一些鲜为人知的经济现象，通过抽丝剥茧的方式，由表及里深入分析，探寻隐藏在经济现象背后的具有规律性的事物本质。

2. 原创性。许多问题的研究已远远超出了管理学的研究范畴，形成多学科融合的研究范式。并对以此为基础构成的交叉学科和边缘学科进行系统分析，提出了许多独到的见解和观点。

3. 实践性。对于社会科学而言其实践的重要性是不言而喻的。许多理论问题的提出、论证和分析，都是经过了大量深入细致的社会调研采集的数据，并运用相关的数理模型进行实证，最终获得的结论。

为了这些阶段性成果能够早日与读者分享，也为了他（她）们在自己的研究领域能够持续进行研究。我们从中选取了一些具有代表性的成果，准备分期分批以学术专著的形式出版，并确定丛书名为内蒙古财经大学工商管理学术文库。

希望工商管理学术文库的正式出版和发行，能够为工商管理学院的老师们潜心科学研究提供更大的平台和空间，让那些有志于科学研究的有识之士在科学研究的世界中坚持始终，自由驰骋。也希望学术文库的出版和发行，能够极大地调动广大中青年教师科学研究的积极性，激发教师们的科学研究潜能。并以此为基础和动力，使工商管理学院能够聚集高层次人才，凝练科研方向，形成结构合理的学术团队。力争在"十三五"期间，取得一批高水平的科学研究成果，涌现出更多的学术带头人和学科领军人物。持续提升工商管理学院在内蒙古地区乃至全国的影响力和竞争力，继续提高工商管理学院对区域经济和社会发展的贡献度。

诚然，任何真理的探究之路一定是曲折和漫长的，而社会科学还要经过实践和时间的检验才能判断其合理与否。但是做一个勇敢无畏的探索者永远值得人们尊敬！文中的许多观点和见解属一己之见，有错误和不足之处欢迎大家批评指正。最后，非常感谢经济科学出版社对内蒙古财经大学工商管理学术文库的出版和发行所给予的鼎力支持和帮助！

内蒙古财经大学工商管理学院院长　周建民
2016 年 12 月 31 日于呼和浩特

前　言

　　近年来，信息技术的飞速发展和国际市场的瞬息万变向跨国公司提出了更高的要求，东道国政府的管制和跨国公司分权管理的推行也在促使跨国公司海外子公司实施本地化经营。东道国网络不仅增强了海外子公司应对环境变化的能力和经营活动的灵活性，更为重要的是其已经成为海外子公司进行网络学习、获取知识、利用知识和创造知识的重要来源。正是因为海外子公司在东道国网络的学习，使得海外子公司逐渐从母公司知识的接收者转变为重要的学习者和知识贡献者。看门人作为知识转移的重要推动者不仅负责向子公司传播知识，而且也负责从东道国网络以及其他子公司中吸收知识，实际上，看门人是一个获取知识的机会。看门人作为联系跨国公司母公司与海外子公司、东道国之间的桥梁和纽带，在打造东道国网络、提高网络质量，进而提高跨国公司的知识转移方面具有十分重要的意义和作用。

　　在明确了研究背景和研究主题之后，本书确立看门人视角下跨国公司知识转移绩效的影响因素，并围绕这一主题进行了以下研究。

　　首先，在理论综述部分，本书梳理了与看门人相近的概念（边界扳手、知识中介），分析这些概念及其在知识转移过程中的角色差异。通过对看门人社会网络理论以及看门人知识转移理论的研究综述，发现以往对看门人的研究主要以看门人中的某一类人进行分别研究。例如，很多文献研究跨国公司的外派人员、侨民、经理等对跨国公司知识转移的影响。未将这类具有"看门"或"守卫"角色的行为人形成一个整体进行研究。在文献梳理的过程中发现，跨国公司外派人员或者侨民在跨国公司与东道国网络进行知识转移时，充当看门人角色。本书所研究的看门人不仅包括外派人员、侨民以还包括东道国的本地人，这些人在跨国公司中主要处在中层经理、项目负责人、研发负责人以及一小部分研发雇员、技术骨干的岗位。

其次，为了进一步分析看门人视角下的社会网络知识流动的机制，本书通过控制看门人数量、交互次数以及网络规模，分析看门人数量、交互次数以及网络规模变化对社会网络各指标影响进行仿真实验。研究结果显示，看门人视角下社会网络中介中心性指标在看门人较少的网络中对知识流动最敏感。本书认为对网络进行知识流动评价时，除中介中心性之外，也应该考虑与其他指标的结合，比如，与度中心性（中心位置）、网络密度的结合，较全面反映看门人视角下社会网络的知识流动。

最后，本书基于社会网络理论、知识转移理论，构建看门人视角下跨国公司知识转移绩效的影响因素模型，剖析看门人社会网络、知识来源以及看门人角色与跨国公司知识转移绩效之间的关系。然后运用回归模型和统计分析等分析方法进行实证研究，验证本书所提出的各项假设，并进行理论探讨，主要得到如下研究结论：（1）跨国公司所获取知识的高度一致性会抑制知识异质性对知识转移绩效的影响；（2）看门人在知识转移中的知识获取、知识整合、知识扩散以及创建联系的角色对知识转移绩效的影响各不相同，看门人创建联系角色作为看门人的重要角色贯穿于其他三种角色之中；（3）知识来源通过看门人角色影响跨国公司知识转移绩效，显现出知识来源首先影响看门人角色，进而通过看门人角色影响知识转移绩效的作用路径；（4）看门人社会网络通过看门人角色影响跨国公司知识转移绩效，呈现出看门人社会网络先影响看门人角色，进而通过看门人角色影响跨国公司知识转移绩效的作用路径。

本书主要的创新之处在于：

（1）研究视角的不同。本书从看门人的视角出发，分析看门人在知识转移中的角色及其影响因素对跨国公司知识转移绩效的影响。以往文献对看门人的研究主要以看门人中的某一类人分别进行研究。未将这类具有"看门"或"守卫"角色的行为人形成一个整体进行研究。而且，以往大部分文献把看门人看作地理"实体—空间"区域的守卫者，这一概念无疑缺少了看门人作为一个认知实体的灵性。尤其是在知识转移过程中，看门人作为知识转移的重要推动者，所具有知识获取、知识整合、知识扩散以及创建联系角色对跨国公司知识转移绩效的影响。

（2）研究模式的不同。本书尝试性地突破以往知识转移研究中"知识源——知识接受方"的二元分析框架的束缚，着重关注知识转移过程中传输通道的作用，以"知识源—看门人—知识接受方"为分析框架，更为微观和细致地研究知识转移过程及机制。

（3）研究指标选取的不同。以往文献对社会网络的研究指标选取主要采用中心性指标（度中心性、接近中心性和中介中心性），大部分文献对中心性指标不进行划分，直接采用中心性指标进行社会网络的度量，还有一些文献主要采用单一指标，如度中心性指标（也称为中心位置指标）。而本书的仿真模拟结果显示，中介中心性有较好地反映看门人视角下社会网络知识流动的特质，尤其在网络看门人较少的情况下。而在较多看门人的网络中，度中心性等指标却能较好地反映社会网络知识流动的特质。因此，中介中心性指标与其他网络指标相结合，更能全面地测量看门人视角下社会网络知识流动的机制。

赵云辉

2016 年 11 月

目　录

第 1 章

绪　　论

1.1　研究背景及研究意义

1.1.1　研究背景

最近十几年来，随着信息技术的迅猛发展与国际市场环境的不断变换，对跨国公司的要求越来越高，东道国政府的管制以及跨国公司分权管理的实施也不断地促进跨国公司本地化经营战略的实施。在过去的 20 年中，跨国公司（MNC）子公司的角色已经超越了传统角色范围。其传统角色主要集中在产业链下游的诸如销售、服务和装配等职能领域。随着跨国公司自治性的不断提高，其角色延伸到产业链上游的研发、部件生产、市场战略和支持性活动等职能领域。在这样的背景下，MNC 应在加强对子公司控制的同时授权子公司在地域和产品范围内承担更多的责任。帕特森和布鲁克（Paterson & Brock，2002）发表在《国际商业评论》中的《子公司管理研究的发展：回顾和理论分析》一文将跨国公司演进划分为四种流派：战略—结构流派（Strategy-Structure），总部—子公司关系流派（Headquarters-Subsidiary relationships），子公司角色流派（Subsidiary Roles），子公司发展流派（Subsidiary Development），其中子公司发展流派受到了较大的关注（见图1-1）。由于这四种学派产生的时代不同，研究的视角和重点也有所差异。帕特森和布鲁克通过对跨国公司管理文献的回顾，用图解说明了各种流派演化的特点及演化机制。

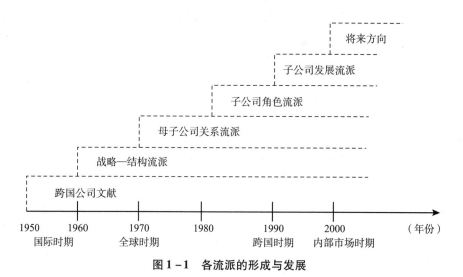

图1-1　各流派的形成与发展

资料来源：S. L Paterson，D. M Brock The development of subsidiary-management research：review and theoretical analysis［J］. International Business Review. 2002，11（2）：139-163.

越来越多的学者认识到子公司角色和母子关系的根本性转变在于：位于不同环境中和地理分布的子公司掌握着迥异于跨国公司其他业务单元的独特且有用的知识，其创造知识的能力和潜力对母公司战略价值的提升作用日益增加。

跨国公司的全球运营和战略活动日益依赖于那些地理上分散又存在内部化差异的子公司。为了优化这些分散的子公司之间的知识转移的集体价值，需要一种能够将跨国公司全网络整合和局部适应性相结合的跨国解决方案。依据古普塔（Gupta，1992）对子公司角色的分类，子公司既可能扮演着知识执行者的角色，也可能扮演知识整合者、全球创新者与当地创新者。就子公司对跨国公司的贡献而言，其不断成为跨国公司知识体系中的重要学习者和知识贡献者，成为跨国公司重大研发使命的承担者和战略规划的重要参与者。就职权与管理角度而言，跨国公司总部（母公司）已突破了传统的管理模式，不断通过授权或分权延伸子公司的行政权限，进而增强子公司知识创造的能力。

知识是组织产生与维持竞争优势的重要资源。然而，组织获取重要资源通常要跨越组织的边界。跨国公司作为一个有着众多业务单元或子公司的跨国界经营组织，其本身就是一个差异化的网络组织。众多研究文献指出，跨国公司网络由跨国公司内部网络和东道国网络（也称为外部网络）两个子网络构成。知识转移在跨国公司内外部网络中发生，与此同时，内外部网络的特征共同决定了跨国公司知识转移的绩效。

近几年来，尽管跨国公司知识转移的相关研究文献不断增加，但对同一概念出现多种定义和不同的测评工具，并且出现不同的研究结论和发现。究其原因是由于学者们所处的角度以及测量方法不同而导致的研究差异。

本书研究梳理了跨国公司知识转移的相关研究文献，分析比较不同研究者的研究异同，发现目前的研究情况如下。

（1）对跨国公司知识转移的研究主要集中在知识特性、转移双方关系的特点、行为者特点等对知识转移结果的影响等方面。

（2）对行为者特点的研究集中在跨国公司层面上，主要研究跨国公司的吸收能力、学习动机和意愿以及自治权等对跨国公司知识转移的影响，研究"个人"对知识转移的作用及影响文献较少。

（3）对知识转移媒介的研究主要集中组织层面上，以组织作为传输媒介，特别是以第三方中介机构作为研究对象重点研究，而且主要集中在医疗卫生领域进行知识转移的文献居多。而对组织流程或个人如何促进知识转移的研究较少，即对看门人角色的相关研究不够充分（Sasovova et al., 2010）。看门人不仅负责向跨国公司传播知识，而且也负责从东道国网络及其他子公司吸收知识，实际上，一些研究已经承认了看门人是一个获取知识的机会。哈默尔（Hamel，1991）认为企业为了预防知识损失风险，通过提高知识的透明性与开放性来保护知识，经常通过对知识转移媒介的控制来完成，例如通过"看门人"（gatekeeper）制约交互双方的接触过滤知识，控制知识流失的风险。看门人作为联系跨国公司母公司与海外子公司、东道国之间的桥梁和纽带，建立东道国网络、提高网络质量，进而提高跨国公司的知识转移方面具有十分重要的意义和作用。

1.1.2 研究意义

组织可以看作是一个"知识的分布式系统"（Tsoukas，1996），其中个人发挥着核心作用。如何克服团队边界阻力，实现知识访问、知识定制和知识分享已经成为组织的关键问题。从这一视角出发，在知识转移的过程中，被个人所体现的知识整合与协调显得尤为重要（Jacquier-Roux & Paraponaris，2012）。知识转移过程需要由行为人进行知识的变换（Perrin，2013）。个体行为人通过与周围环境的互动，为组织获取知识，通过不断的学习与创新维持组织自身的竞争优势，因此个人在组织知识转移的过程中起到关键的作用。具有代理行为的一类行为人是组织和环境之间的重要接口，知识代理人的不同角色会影响其在知识转移中的作用。范·克罗（Van Krogh，2003）指出，解决知识共享的问题有两种途径：一是从代理的角度出发，侧重于从组织和管理结构的类型方面加强知识共享；二是从"公共资源"（communal resource）的角度出发，隶属于群体的个体行为人可以积极主动地合作和分享知识。不论采用何种方式分享知识，最关键的问题是如何突破个人所属的群体组织边界。组织如果不能与为其提供资源的环境产生联系，那么组织将无法生存。通过与周围环境的互动，企业将获得知识，不断进行学习和创新（Cross，2002），维持其自身的竞争优势。

在海外市场经营中，跨国公司与东道国网络成员以各种经济社会关系为媒介进行知识获取和创造，共同进行网络学习。由于跨国公司网络内各成员的知识都是在各东道国一定的社会政治、经济和文化背景下产生的，因此管理知识转移的有效性必然会受到多种因素的影响，其转移方式和路径也具有其独特性。如何建立沟通的桥梁，减少"距离量"，为跨国公司提供跨边界对话的机会，改善团队学习条件，是跨国公司有效进行知识转移的关键。而作为跨国公司知识代理的看门人，通过建立跨国公司的关系网络，能够促进知识的交流与转移。因此深入剖析看门人在东道国网络中进行知识转移的角色以及这些角色对跨国公司知识转移绩效影响因素中的作用，具有较为广阔的研究空间及应用前景。跨国公司通过汲取国外竞争优势来丰富自己的知识库，并通过看门人在整个跨国公司网络内转移知识，进而改善跨国公司知识转移绩效的理论研究也十分迫切。因此，本书在前人文献的基础上进一步澄清具有看门人角色的行为人在知识转移中的概念及特点，并通过实证验证和解释看门人角色在知识转移中的贡献及差异，探求对跨国公司知识转移影响的演化路径，为增强跨国公司在东道国网络中的知识转移能力提供借鉴。

1.2　问　题　提　出

事实上，跨国公司竞争优势之一源于在不同地理位置以及分散的业务单元之间成功有效地进行知识转移（Kogut & Zander，1993）。虽然很多知识，特别是显性知识，可以通过文档、信息技术以及短期培训被转移，但跨国公司依然凭借有经验的部门经理、高层管理者、研发部门负责人以及第三方知识中介进行隐性知识的转移（因为知识的类型有个人的特质，根植于人的思维意识之中，用行为举止和感知力来表达自己），以此创造持续的竞争优势。由于隐性知识很难进行知识转移，必须通过直接社会交流互动才能进行（Nonaka，1994）。因此通过看门人紧密的工作，建立跨国公司的关系网络，才能促进知识的交流与转移。在本书中，笔者一直思索着这样一个问题：看门人在知识转移中的角色是什么？从社会网络角度下，看门人角色在看门人社会网络、知识来源对跨国公司知识转移绩效影响中的作用是什么？如图1-2 所示。

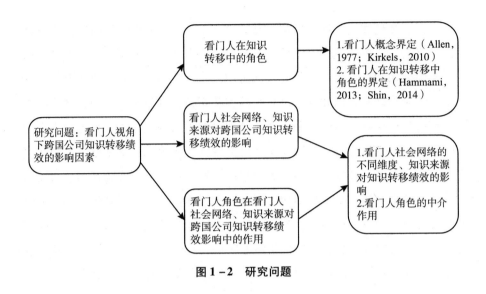

图 1-2 研究问题

1.3 研究目的

本书明确地界定了跨国公司看门人在知识转移中的角色，并分析在看门人社会网络和知识来源对跨国公司知识转移绩效影响的过程中看门人角色的作用。由于看门人具有对外部知识获得、过滤整合并将知识在组织内部扩散的作用，因此分析看门人在组织内外部的角色转换功能、界定看门人在知识网络中的角色、研究看门人视角下社会网络的知识流动机制以及对知识转移绩效的影响是本书研究的目标。

一是基于图论以参与知识转移的看门人为节点，模型化看门人视角下的社会网络结构，明晰不同网络规模、交互次数以及看门人数量的变化对网络中知识流动的影响。

二是分析看门人社会网络的不同维度、知识来源对跨国公司知识转移绩效的影响。

三是分析影响看门人角色的影响因素，探求看门人角色在知识转移影响中介效应。

1.4 研究对象及范围界定

随着中国经济的飞速发展，越来越多 MNC 在中国建立其子公司（独资子公司或者合资公司）。MNC 对中国经济实力和管理水平的提高起到了关键的作用。而跨国公司的逆向知识溢出，对中国企业知识创造和创新能力的提高也起到促进作用。本书以在华的跨国公司为研究对象，通过对《中国统计年鉴》发布的数据整理发现，截至 2013 年底，在中国设立跨国公司有57402 家。图 1－3 是在华跨国公司 1998～2013 年在华注册的数量统计。2008 年在华跨国公司数量近 80000 家，之后有所减少。

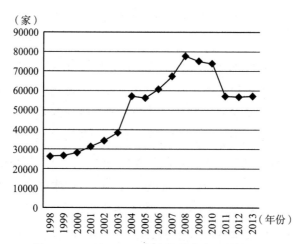

图 1－3 1998～2013 年在华外资企业数量变化

资料来源：中华人民共和国国家统计局：《中国统计年鉴》（2014）http：//www.stats.gov.cn/tjsj/ndsj/.

2013 年在华的外资企业分行统计如图 1－4 所示。从图 1－4 中可以看出，在计算机、通信和其他电子设备行业中在华外资企业数量最多，达5656 家。其次是纺织服装、服饰业行业，达 4631 家，再次是电气机械和器材制造业达 4220 家。

7

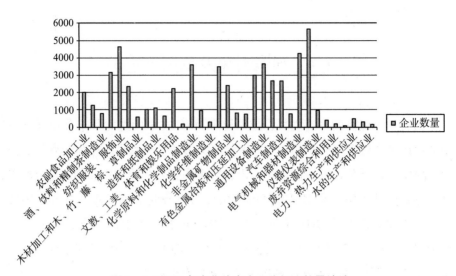

图 1 - 4   2013 年在华外资企业分行业数量统计

资料来源：中华人民共和国国家统计局：《中国统计年鉴》（2014）http：//www. stats. gov. cn/tjsj/ndsj/.

　　跨国公司与东道国网络中的合作伙伴在频繁的业务活动中，获取东道国市场经验和顾客偏好，以此满足东道国顾客需求。这些商业活动的开展，需要跨国公司相关业务负责人不断参与其中。本书所指的看门人，是负责与外部网络（东道国）相关合作伙伴之间建立联系、获取知识、整合知识，并在跨国公司内部网络中进行知识扩散的业务负责人。看门人一般由东道国本地管理者、母公司外派人员（home country expatriates）或母公司外派的第三国人员（third country expatriates）担任。后两者也可统称为母公司外派人员。跨国公司的外派人员可能来自跨国公司母国，也可能来自第三国，一般从事的是中高层的管理工作以及一些关键岗位，如财务、研发等工作。因此本书的看门人主要指：跨国公司中层管理者、研发负责人、技术骨干以及项目经理等。

1.5　研究内容及框架

　　本书主要基于跨国公司知识转移理论和社会网络理论，聚焦于以看门人为联系的知识转移网络，分析看门人在跨国公司知识转移中的角色。为了进一步明晰看门人视角下跨国公司知识转移绩效的影响因素，本书通过构建理论模型，提出假设，并对在华子公司的样本数据进行实证分析，以验证假设。

本书研究的内容共分为 8 章。

第 1 章　绪论。本章介绍了跨国公司知识转移的研究选题背景以及研究意义，提出了本书的研究思路、技术路线、研究内容以及结构安排等。

第 2 章　理论基础与文献综述。本章首先梳理与看门人相似的概念以及不同概念在知识转移中的角色。其次，梳理看门人社会网络理论和看门人知识转移理论的发展现状。最后，基于以上的文献梳理对看门人概念以及在知识转移中的角色进行界定。

第 3 章　看门人社会网络知识流动仿真。本章通过控制看门人数量、交互次数以及网络规模，模拟分析看门人数量、交互次数以及网络规模变化对社会网络各指标（中心度、紧密度、中介中心度、信息中心度、密度、云集系数）的影响。

第 4 章　看门人视角下跨国公司知识转移绩效影响因素的理论模型与假设。本章基于社会网络理论和知识转移理论，论证了看门人社会网络、看门人角色、知识来源与知识转移绩效之间的关系，并在此基础上构建了理论模型。在构建的理论模型中，看门人社会网络、知识来源为自变量，跨国公司知识转移绩视为因变量，看门人角色是中介变量，并从看门人社会网络的六个维度（网络密度、中心位置、关系强度、中介中心性、文化差异性、信任）、知识来源以及看门人角色对知识转移绩效影响的关系分别提出了假设。

第 5 章　看门人视角下跨国公司知识转移绩效影响因素的研究设计。本章根据目前的研究文献以及相关研究变量的概念对问卷进行设计，制定相关变量的测量量表。然后通过 SPSS19.0 软件进行测量量表的信度与效度检验，并对样本数据进行验证性因子分析，确定观察变量是否足以反映潜变量，检验问卷测量模型的效度。通过对样本数据的相关性分析，初步确定变量关系的因果关系。

第 6 章　看门人视角下跨国公司知识转移绩效影响因素的实证研究。本章对第 4 章提出的研究假设逐一进行验证。

第 7 章　看门人视角下跨国公司知识转移绩效影响因素的综合分析。在第 6 章实证研究结果的基础上，本章对各变量间存在的关系进行理论解释，探讨了实证分析结果产生的可能原因。

第 8 章　结论与政策建议。本章基于综合分析的结果，总结看门人视角跨国公司知识转移绩效影响因素的作用机制，并指出了研究存在的局限以及未来的方向。

本书研究思路如图 1 - 5 所示。

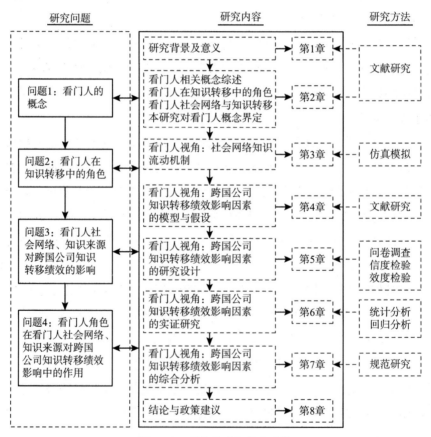

图 1 - 5　研究思路与技术路线

1.6 研究方法及技术路线

1.6.1 研究方法

1. 文献综述法

本书采用文献综述法，通过梳理、归纳国内外跨国公司知识转移、看门人、看门人社会网络等相关文献，并结合看门人在知识转移中的作用，利用演绎、归纳方法构建了看门人视角下跨国公司知识转移绩效的影响因素理论模型，并提出假设。

2. 问卷调查法

在文献研究的基础上，根据前人的研究设计测量跨公司知识转移绩效及影响因素的观测题项，利用 Likert 量表设计问卷，对所选择的样本进行问卷调查获取相关数据。

3. 模拟仿真法

本书为了从看门人视角探求社会网络知识流动的机制，通过 Java simulator 模拟器和 R 脚本语言模拟仿真看门人与社会网络指标之间的关系，从看门人视角分析社会网络知识流动的机制。

4. 实证研究法

基于理论模型，本书对收集的数据利用探索性因子分析、验证性因子分析进行数据预处理，修正问卷量表。通过多元回归分析实证研究方法，对建立的概念模型及研究假设进行检验，验证概念模型与研究假设是否成立，并探讨假设背后的理论关系，得出结论。

1.6.2 技术路线

本书采取实证研究法，首先对跨国公司知识转移的实践和理论研究背景进行归纳，并在此基础上提出本书研究主题及研究问题，即从看门人视角下分析跨国公司知识转移绩效的影响因素。技术路线如图1-5所示。

1.7 主要创新点

1. 研究视角的不同

本书从看门人的视角出发，分析看门人在知识转移中的角色及其影响因素对跨国公司知识转移绩效的影响。以往文献对看门人的研究主要以看门人中的某一类人分别进行研究。未将这类具有"看门"或"守卫"角色的行为人形成一个整体进行研究。而且，以往文献把看门人看作地理"实体—空间"区域的守卫者，这一概念无疑缺少了看门人作为一个认知实体的灵性。尤其在知识转移过程中，看门人作为知识转移的关键推动者，具有知识获取、知识整合、知识扩散以及创建联系的角色特征，这些角色特征对跨国公司知识转移绩效有着重要的影响。

2. 研究模式的不同

本书尝试突破以往知识转移研究中"知识源—知识接受方"的二元分析框架的束缚，着重关注知识转移过程中传输通道的作用，以"知识源——看门人——知识接受方"为分析框架，更为微观和细致地研究知识转移过程及机制。

3. 研究指标选取的不同

在对社会网络的研究指标选取上，以往的大部分文献对中心性指标（度中心性，接近中心性和中介中心性）不进行划分，直接采用中心性指标进行社会网络的度量，虽然有一些文献采用了其中某个单一指标，如度中心性指标（也称为中心位置指标），但是并没有证明出到底哪一种指标更能精确地分析其对知识转移的影响。本书的仿真模拟结果发现，在网络看门人较少的情况下，中介中心性具有较好的反映看门人视角下社会网络知识流动的特质；在较多看门人的网络中，度中心性指标却能较好地反映社会网络知识流动的特质。因此，将中介中心性指标与其他网络指标相结合，才能全面、精确地测量看门人视角下社会网络知识流动的机制。

第 2 章

理论基础与文献综述

2.1　理 论 基 础

2.1.1　知识转移理论

1. 知识转移过程模式

知识转移理论的雏形最早源于蒂斯（Teece，1997）的"技术国际转移"的思想之中。1997 年，蒂斯认为："知识转移就是知识在知识发送方和接收方之间来回不断发送的过程。"只有当转移的知识保留下来，才是有效的知识转移（Szulanzki，1997）。因此，知识转移可以视为知识接收方与知识提供方之间的互动过程，知识接收方通过各种渠道取得所需要的知识，并加以吸收、应用和创新。比较具有代表性的定义有：知识转移是知识从知识源到知识接受方的传递过程，使知识能为知识接受方学习和应用；知识转移是知识从知识发送方传递到知识接受方的过程，知识发送方通过知识传输途径将知识传递给知识接受者，知识接受者通过学习将其转化为自身的知识并指导其行为。也就是说，知识转移的成功标志就是必须完成知识传递和知识吸收两个阶段，并使知识接受方感到满意。在这些主流且具有重要影响的知识转移理论，都涉及了个体、群体和组织三类对象。回顾以往的文献，很多学者分别把组织、个人、群体作为分析单元，并且深入研究了组织内部以及组织之间、个人之间以及非正式团体（网络联盟）之间知识的转移和获取。野中郁次郎（Nonaka，1994）等分别从组织知识转移的途径和方法对其进行分析。知识转移有很多的途径，例如，市场、出版物、社会网络、教育和劳动力转移等，这些途径都会有利于知识进行转移。

知识转移理论思想可追溯到野中郁次郎和竹内弘高（Nonaka & Takeuchi，1995）提出的"知识创造过程模型"。基于知识创造过程模型，很多学者在野中郁次郎的知识螺旋模型的基础上，进一步修正拓展，丰富了知识转移理论。知识可以看作一种场地（field），在特定的组织设计和物理空间里对知识的含义和感知是不均匀分布的（Bratianu & Andriessen，2008）。时间和空间变化的不一致性会使场地（field）的不均匀性力量降低。这一新的视角有助于解释在组织中决定知识流动的一般力量。隐性知识类比为动力场中的势能，而显性知识则是动力场中的动能。隐性知识到显性知识的转换是势能转化为动能和机械功的过程。也就是说外部化应该真实地被看作认知工作通过显性知识进行理性决策的过程（Bratianu & Andriessen，2008）。在相反的方面，动能转换为势能必须通过机械运动。也就说，显性知识不能通过自身能动地转换为隐性知识，必须借助于外力。因此消耗认知工作来实现内部化过程是必要的。比较具有代表性的知识转移模式如下所示。

（1）尼森（Nissen，2006）的知识流动多维模型。

尼森（2006）在野中郁次郎模型的基础上，引入生物周期和时间流开发了组织知识运动知识流动的四维度模型（如图 2 - 1 所示）。在图 2 - 1 中，尼森（Nissen）把这些维度描述成一个循环的知识流动螺旋模式。循环的每个部分对应于知识流动四种过程（内部化、外部化、结合化和社会化）。图 2 - 1 中纵轴代表知识的显性化程度，横坐标代表不同的社会互动水平（个人、群体和组织）。第三坐标轴代表知识管理活动的生命周期的不同维度（创造、组织、规范、分享、应用和提炼）。为了描述知识流动模式的各种类型，尼森（Nissen）引入时间维度，通过使用不同粗度的箭线表示时间快慢（细的代表知识流动快，粗的代表知识流动慢）。图 2－1 中的 A 点代表隐性知识通过个人创造，野中郁次郎（Nonaka，1994）认为个人所持有的隐性知识是知识创造的中心。社会流（A 到 B）代表隐性知识跨越范围边界的运动。外部化流（B 到 C）反映的是知识从隐性向显性的运动。结合化（C 到 D）反映的是显性知识跨范围边界的运动。从 B 到 E 的社会化流反映的是隐性知识从组织到群体层面的运动。尼森（2006）认为隐性知识转移的社会化过程是一个相对漫长的过程，而显性知识转移的结合化过程是一个快速的过程。

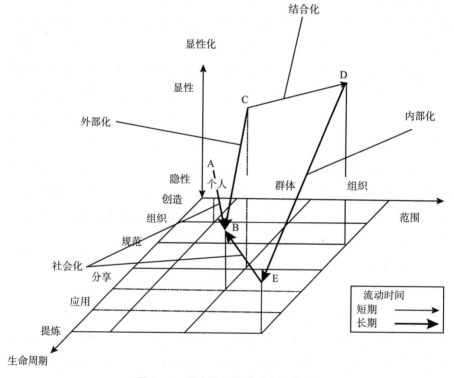

图 2－1　尼森的知识流动多维模型

资料来源：Nissen，M. E. Harnessing knowledge dynamics. Principled organizational knowing & learning [M]. IRM Press. 2006.

（2）知识转移五阶段模式（Giblert M. & Cordey Hayes，1996）。

基波利特和海耶斯（Giblert M. & Cordey Hayes，1996）认为，当一个组织认识到自身缺乏某种知识时，便会产生"知识落差"（knowledge gap），因此就产生对知识引进和知识转移行为的需求。基波利特（Gilbert）早期提出了一个包含知识获取、知识沟通、知识应用和知识接受四阶段的知识转移模式，通过对劳埃德银行的实证研究后修正了原有模型，增加了知识转移过程中的"同化"（assimilation）阶段。知识同化在基波利特和海耶斯（1996）的知识转移五阶段模式里有深层的意义，它是一个创造性的过程（creative process），因为组织成员必须将获取的新知识与过去所累积的知识加以整合与重构，这就包含了对组织成员过去的认知、态度和行为进行修正。知识转移五阶段模型如图 2 - 2 所示。

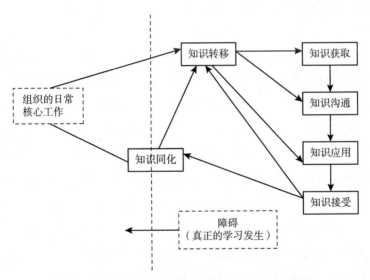

图 2 - 2　基波利特和海耶斯的知识转移五阶段模式

资料来源：Giblert M. & Cordey-Hayes，M. Understanding the process of knowledge transfer to achieve successful technological innovatoin. Technovation1996，16（6）：301 - 312.

（3）基于知识代理人的知识转移模型（Seung Kyoon Shin & Woong Kook，2014）。

塔什曼和卡茨（Tushman & Katz，1980）提出应对高成本知识转移过程的一种有效方式是寻求知识源和需求者之间的知识代理人，通过知识代理人的活动提高组织理解和转换知识源与需求者之间截然不同的知识能力。塔什曼和卡茨（1980）把组织之间的知识代理定义为积极参与多种组织活动，通过知识转移与不同组织链接。知识代理人与知识的寻求组织相互交流以此识别对外部知识的需求，协调和调整对知识源的访问，解释从知识源组织发送的知识，并在知识接受组织中定位和传播。企业管理者作为代理人在组织之间扮演传递知识的重要角色（Inkpen，1998）。塔什曼（Tushman，1980）在他早期的著作中提出作为知识代理人的组织管理者从外部收集相关信息，并使知识在本组织中流动。知识代理人从外部网络获取知识的重要角色。社会学研究者们把这些人叫作"个体明星"，在社会网络中是一类重要的行为者（Hargadon & Sutton，1997）。

根据凯特和拉扎斯菲尔德（Kate & Lazarsfeld）的交流"两阶段流"模型，将虚拟组织之间的知识代理人定义为，通过知识转移活动在多重虚拟组织之间建立联系（Seung Kyoon Shin & Woong Kook，2014）。知识代理人与知识需求组织进行交流确定对外部知识的需求，然后与知识源企业进行协调获取知识，通过知识代理人对知识源企业知识的理解并使其内部化后在知识需求企业内进行扩散。随着这些知识代理人的活动的增加，外部知识通过两阶段从知识的发送方被传递到知识的接受方。第一阶段，收集从知识源组织发送的知识并使之内部化。第二阶段，通过接受方组织的本地化语言转换知识并使其外部化，如图 2－3 所示。他们认为知识代理人在信息的发送方和接收方之间扮演着传输媒介作用。由于知识转移需要理解转移双方的业务流程、文化或规范，因此，知识代理人作为能理解转移双方的共有知识的角色显得尤为重要。如果没有知识代理人，组织之间进行知识转移会产生误解以及对转移知识理解的不完整，因此知识代理人在知识发送方和知识接收方组织之间具有中介的角色，基于知识代理人的知识转移模型如图 2－3 所示。

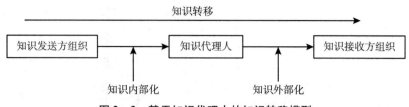

图 2 – 3　基于知识代理人的知识转移模型

资料来源：Seung Kyoon Shin，Woong Kook Can knowledge be more accessible in a virtual network？：Collective dynamics of knowledge transfer in a virtual knowledge organization network ［J］. Decision Support Systems 2014，（59）：180 – 189.

2. 跨国公司知识转移影响因素的研究

目前，有关跨国公司知识转移研究的焦点主要集中在：知识特性、知识的发送方和接受方、社会网络等方面。包含的基本原理有知识基础观、网络理论、学习型组织理论。知识基础观理论认为知识不是公共产品，知识具有隐含性特征，因此知识转移需要成本。知识的隐含性越高，越有可能在企业内部转移，因此企业被看作专门从事知识创造和内部转移的社会组织。跨国公司的兴起不是源于知识买卖市场的失效，而是源于它作为组织媒体跨国界转移知识的优势。MNC 被认为是各种知识集合的智囊团，而且能够高效地组织知识在 MNC 内部各子系统之间转移，这些子系统散布于全球，彼此分散却又相互联系。从这个角度研究知识转移的方向是多向的（从母公司到子公司及其反向，同级的子公司之间流动），研究焦点是从整个网络中获取有用的资源。归纳起来，跨国公司知识转移的研究焦点主要如表 2 – 1 所示。

表 2 – 1　　　　　　　　　　跨国公司知识转移研究焦点

研究焦点	主要内容		主要文献
知识基础观	知识特性	知识隐性	Kogut & Zander，1993；Szulansk，i G. 1996；Inkpen，1998；薛求知，2006；
		知识模糊性	Simonin B. L，1999
组织学习	知识接收方知识发送方	接收方个体属性	Cohen，1990；Gupta，2000；
		发送方个体属性	Gupta，2000；Szulansk i G.，1996

研究焦点	主要内容		主要文献
社会网络	内部网络	母子公司间	Kogut & Zander, 1993；Ambos et al. , 2006；Buckley, 2013；
		子公司间	Michaela, 2012；Dimitratos, 2014；张晓燕 2006
	外部网络	子公司与本地网络	Chen, 2005；张晓燕, 2008；关涛, 2012
	网络双重嵌入	内外部网络	Meyer, 2011；Fariza, 2013

资料来源：根据文献整理。

新知识策略和现存知识管理系统的融合是改善公司绩效的关键（Choi & Lee，2002）。如何获得新知识已经成为企业的战略重点。知识转移能够刺激新知识的产生，并有助于组织创新能力的提升。很多实证研究证明，一个能够通过更有效的知识转移的组织比那些没有通过知识转移的组织更具有知识的丰富性和存活能力。尽管组织意识到通过知识转移能够促使公司绩效的增加，但成功进行知识转移对于组织来说又是非常困难的。研究者们已经总结出了影响知识转移的关键因素，例如知识的黏性、接受者的吸收能力、转移过程的情景因素等。组织之间的知识转移有很多的途径，例如，个人的行为、培训、交流、技术转移及其他构成组织联系的形式。

最近几年有关跨国公司知识转移的文献在不断地增加，但对同一概念出现了多种定义和测量，而且有不同的研究结论和发现。究其原因是由于学者们所处的角度以及测量方法不同而产生了不同的研究结论和发现。本节对跨国公司知识转移的文献进行了回顾，从知识流入和知识流出两个方面展开，根据跨国公司知识转移影响因素的研究文献（Michailova & Mustaffa，2012），本书分别从跨国公司作为知识接受者和知识发送者的角度，将文献归为知识流入和知识流出两大类。图 2 - 4 是对跨国公司知识转移结果、知识特性、转移双方关系的特点、行为者的特点进行的文献梳理。

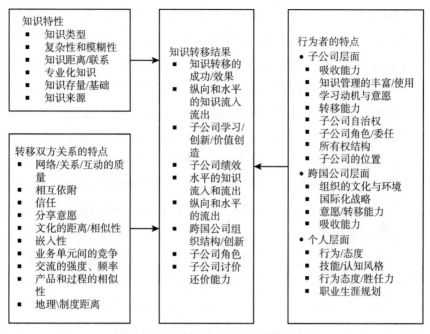

图2-4 跨国公司知识转移影响因素

资料来源：根据文献整理。

2.1.2 社会网络理论

尽管关于社会网络分析的研究在20世纪30年代就已经展开，但长期以来主要被应用于社会学研究领域。20世纪90年代以后，社会网络分析应用于知识转移的相关文献开始大量涌现。目前，国外具有代表性的文献主要集中在一些学者（Uzzi. Brian, 2002; Uzzi. Brian, 2008; Inkpen & Tsang, 2005; Hansen, 1999; Tsai & Ghoshal, 1998; Tsai, 2001, Tsai, 2002; Reagans & McEvily, 2003）的研究成果之中。那哈皮特和戈沙尔（Nahapiet & Ghoshal, 1998）把这些网络资源称为社会资本。在关于社会资本的文献中，早先的研究主要关注的是作为管理合作关系的一个有价值的资产，社会资本所起到的作用（Tsai, 2000; Koka & Prescott, 2002; Blyler & Coff, 2003）。在这些研究中，社会资本被视为是资源交换和价值创造中的一个促进因素

（NahaPiet & Ghoshal，1998）。那哈皮特和戈沙尔（1998）将公司背景下的社会资本区分为三个相互联系、重叠但不同的维度：结构的维度、关系的维度、认知的维度。在社会资本结构维度方面，研究主要集中在网络成员的关系数量、关系强度以及网络的中心性方面。豪尔赫·沃尔特（Jorge Walter，2007）分析了网络结构对联盟网络内以及网络知识转移的影响。认为稀疏的组织网络结构与组织内部密集的网络结构之间可以相互补偿，实现利益最大化。也就是说，这种结构可以最大化个体组织从组织网络中所获得的私人利益，与此同时，组织网络公共利益也可以通过组织内部网络最大化，实现共赢。麦克费登（Mcfadyen，2004）认为网络成员所要维持的直接关系数量和关系强度分别与知识创造存在倒"U"型的曲线关系。网络成员之间彼此互动程度越高，资源与信息的交换机会就会越多，当网络成员有互动时，才能更好地分享信息和意见，这对团体知识绩效会有正向影响（Coleman，1990）。团队在整体网络中越处于中心位置，其知识转移绩效越高（Balkundi & Harrison，2006）。相反，有些学者认为高程度的群体中心性不利于知识转移。在社会资本关系维方面，研究主要集中在信任方面。乌西和吉莱斯皮（Uzzi & Gillespie，2002）认为基于信任和互惠的关系会促进不同知识和资源的转移与创造。鲍威尔（Powel，2003）等认为信任是网络参与者分享知识意愿的基础，信任缺乏会导致在公司之间及联盟之间竞争的混乱。在社会资本的认知维方面，研究主要集中在共同的文化方面。泰森和吉莱斯皮（Tsai & Ghoshal，1998）认为共同的文化被看作一种黏合的机制，能促使不同的网络单元整合知识，而共同文化对知识创造也有着积极的影响。

2.2　文献综述

2.2.1　相关概念

在文献回顾的过程中，本书研究发现看门人、知识中介、边界扳手等概念具有较高的相似性。一些研究文献将看门人、边界扳手和知识中介作为同义词或相互关联的概念不予以区分（Ramirez & Dickenson，2010），但另一些研究文献却认为这些行为人的跨边界角色存在差异（Awazu，2004）。为了更加清晰地理解看门人概念及相关理论，本书通过对与看门人相近概念的文献回顾和梳理，澄清各概念之间的重叠及差异。

1. 知识中介

"中介"一词，英文翻译过来是 middle man，broker 或者 intermmediary，在特定的领域中还可以解释为 market maker、match maker 和 agent。之所以有如此多的理解，是因为中介本身的语意多样性。中介作为动词，可以表示一次中介行为；作为名词，又可以作为中介活动理解，也可以作为中介组织理解，在制度和契约经济学当中，还可以作为一种制度或契约安排理解。简单地说，中介就是联系两个或多个系统的，能提高系统间协调度的系统。如果具体到中介与所联系系统的关系，中介还有狭义和广义之分。狭义的中介指相对于联系的系统是独立的、中立的系统，广义的中介除了狭义的中介之外，还包括非中立的中介，例如代理人等。李晨松、和金生（2005）从中介演化观点出发，根据演化过程中对象的变化，将中介分为物质中介、信息中介和知识中介，并对其进行比较。古尔德和费尔南德斯（Gould & Fernandez，1989）将中介划分为五种类型，包括协调人（coordinator）、守门人（gatekeeper）、代表（representative）、顾问（consultant）和联络人（liaison）。其中，协调人表示一个区域内某组织（人）与该区域内另外两个组织（人）之间存在合作互动；守门人表示一个区域内某组织（人）在时间上先与区域外的一个组织（人）合作，然后再与本区域内的其他组织（人）合作（从区域外组织中吸收知识，并在本组织中传递）；代表表示一个区域内某组织（人）在时间上先与本区域的其他组织（人）合作，然后再与区域外的另外一个组织（人）合作（即，把本组织的知识扩散到其他组织中）；顾问表示一个区域内某组织（人）与另外一个区域内的两个组织（人）分别存在合作关系（即，相同组织成员间的中介，顾问是一个独立的组织或个人）；联络人表示一个区域内某组织（人）与另外两个区域内的两个组织（人）分别存在合作关系（即，增强一个外部者与不同组织之间的互动，联络人是独立的组织或个人），如图2-5所示。

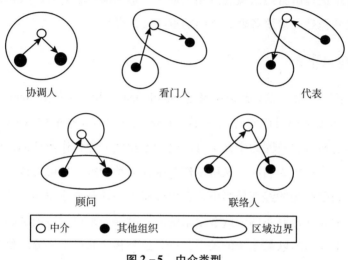

图2-5　中介类型

资料来源：Gould, R., & Fernandez, R. Structures of mediation：A formal approach to brokerage in transaction networks ［J］. Sociological Methodology. 1989 (19)：89 - 126.

从事结构网络和知识转移研究的学者们通常使用知识中介这一术语（Burt, R., Hogarth, R. M. & Michaud, C., 2000）。迈耶（Meyer, 2010）认为知识中介是一类重叠组织中的行为人，因此知识中介既可以是个人也可以是团体，其职责是在研究者和读者（受众群体）之间转移知识和创建联系，或者是在知识生产者与使用者不同领域中促进知识的流动。李晨松、和金生（2005）认为知识中介是指在知识的网络化市场中，通过中介主体自身的多元化组织学习，结合客体的知识需求和问题，以知识（产品）为中介对象，对知识（产品）进行挖掘、组织、关联、整合甚至再造的组织形式。该研究构建了中介和知识的潜在购买方之间的知识交易的"推""拉"式交易模型。董鑫等（2011）在分析知识中介内涵与机理的基础上，提出了指导专家模式、知识经理模式和知识中介者网络模式，认为知识中介者网络模式是最能体现知识中介本质的一种形式。

知识中介作为一个中间人角色在结构和社会实体中已经不是一个新的概念了（Hargadon，2002；Lomas，2007）。中间人角色概念出现在德国 19 世纪晚期，在那里知识中介为大学和产业之间的交流创建信息网络。后来，中介角色逐渐趋于多样化，在不同的情景中，中介角色不同，例如，联络官（link or connection officers；Jones，2006）；转换代理人（agents of change；Jones，2006；Pratim，2007）；第三方（third community；CHSRF，2004）；中间人（intermediary；Cillo，2005）；知识中介者（knowledge brokers；Hargadon & Sutton，1997）；边界扳手（boundary-spanners；Huberman，1994；Pawlowski & Robey，2004）；看门人（gatekeepers；Cohen & Levinthal，1990；Jones，2006）；桥介者（bridgers；Howells，2006）；创新媒介者（Cillo，2005）；信息媒介者（information mediaries；Cillo，2005）等。这些名称进一步强调了在行为者的多种网络之间中介作为一个中间人进行信息交流。然而，近些年来，知识中介的角色已经超出了中间人的范畴，延伸到为组织或活动识别、吸收和整合有用知识的角色范畴。

在不同的情景下，知识中介所扮演的角色不同。通过对文献的分析和整理，知识中介业务的研究可以划分为知识管理和知识创新两个研究分支，知识中介在这两个研究分支中扮演两种不同的角色。2003 年加拿大健康服务研究机构出版了知识中介理论与实践的"灰皮书"之后，知识中介概念被广泛关注。该书详细分析了知识中介在不同的环境下促进交流、发现知识、调整知识的能力。

研究知识管理的文献认为知识中介是知识转移的促进者（Pawlowski & Robey，2004），主要的研究焦点在知识中介的社会层面上，知识中介通过知识转移来调整社会不同群体之间的知识差异。在知识管理的文献中，尤其是在健康医疗领域中，知识中介在个人层面或组织层面得到验证（Conklin et al.，2013，Russell et al.，2010）。很多学者通过对医疗领域中知识中介的研究，分析知识中介在知识转移中的角色。帕夫洛夫斯基和罗比（Pawlowski & Robey，2004）认为知识中介是知识转移的促进者。还有一些学者使用跨边界（the boundary spanning，Ancona & Caldwell，1988）、边界对象（boundary objects；Brown & Duguid 1998）、情景学习（situated learning；Wenger，1998）的概念解释知识中介的业务过程，即作为知识转移促进者的知识中介能够使知识跨组织边界流动，换句话说，知识中介能够跨边界获取知识，按照他们目标的特点调整信息以减少两个团体之间的认知距离（Cillo，2005）。沃德（Ward，2012）清晰地描述了知识中介在知识转换中的角色，他认为知识中介通过从事诸如信息管理（收集信息、分享信息和打包信息）、连接（促进不同团体之间的交流）、能力发展（从知识转化过程中学习，确保可持续性）等业务活动积极促进了不同团体之间的知识转换。因此，知识中介作为知识转移的促进者不仅要从事对知识的探索、转化和传播，而且要建立互不相关的团体之间的联系，同时具有在本组织中分享知识的能力。

然而，知识创新的文献（Hargadon，2002）与知识管理文献对知识中介的看法不同。知识创新的文献认为知识中介是一个创新者。在这里，知识中介是一个组织的行为者，这些组织行为者们通过他们的网络获得知识，并通过重新整合产生新的解决方法。而且在知识中介的社会层面中，这个分支主要关注在知识中介业务中的认知过程。许多研究者认为，这些行为人在创新中扮演重要的角色，同时负责制定决策转移有价值的知识。豪厄尔斯（Howells，2006）认为知识中介能够促进创新，表现在两个方面：其一，知识中介让个人、组织和产业之间转移知识更加方便、快捷；其二，知识中介通过结合新旧想法来提出新的方法有助于创新。在很多领域中，知识中介对创新的贡献也得到了阐释。例如，在工业技术领域，中介看作一个转换代理人，这些转换代理人促进了新技术的采用和决策制定。他们被描述为一个具有卓越交流技能的真实的协调者和领袖的顾问。在服务领域中，把这些中介业务组织叫作"KIBS"（Knowledge-intensive business services），其通过在研究者和企业之间充当中间人来促进创新。

最近，越来越多的文献研究组织之间通过知识中介或知识代理进行有效知识转移，特别在健康医疗方面。贾斯汀·华林（Justin Waring，2013）以医疗卫生组织为背景，研究了知识中介在医疗保健方面提升知识共享与学习的作用，并围绕病人的安全性问题，提出知识中介的四种结构位置和角色。詹姆斯·康克林（James Conklin，2013）对老年健康领域中知识经纪人进行了案例研究，发现在知识网络中，知识代理的角色随着时间的推移不断地发展和成熟，并逐渐适应各种环境下的社会和技术障碍（负担），创造学习和交流的关系。知识中介的最新研究主要关注知识中介在组织边界内部和在组织间知识转移中的角色问题，以及知识中介如何通过对知识解释、转换和重新再造促进知识的扩散和转移等方面（Pawlowski & Robey，2004；Perrin，2013）。司云波、和金生（2009）从知识发酵的视角探讨了组织知识创新的过程，揭示了知识经纪人在组织创新中的酶合作用，并详细分析了知识经纪人在不同组织知识创新类型中的功能角色，并由此提出知识经纪人为促进组织知识创新需要具备的基本素质。

2. 边界扳手

边界扳手将组织与环境链接起来（Cross & Prusak，2002），通过对市场和资源的不断访问来交换信息，因此在知识转移和战略决策中起到重要的作用。关于边界扳手行为的研究从 1920 年初（Abrahamson & Fisher，2007）开始，早期的研究主要集中在创新研究方面（Katz & Tushman，1983）。对于边界扳手的概念，学者们从不同的情境出发给出了不同的界定。早期的研究认为边界扳手是边界合作的个人，将看门人和边界扳手视为同一概念不作区分（Cohen & Levinthal，1990）。为了进一步澄清边界扳手的概念，保罗·威廉姆斯（Paul Williams，2010）通过分析"跨边界（boundary spanning）"和"边界扳手（boundary spanners）"的差异，使边界扳手概念更加清晰化。他认为"跨边界"是一系列活动、过程和实践，而"边界扳手"则是从事跨边界活动的人。保罗·威廉姆斯（Paul Williams，2010）将边界扳手分为两类人，第一类是在多组织或多领域中负责与不同机构之间联系的有专门工作角色的一群人。第二类是指大部分人群，包括从业者、管理者和领导者。他们所从事的跨边界活动，已经成为他们主流工作中的一部分。

在过去三十几年中，从组织层面看，研究组织的文献，将边界扳手定义为不同群体之间建立联系的特定代理人。很多的研究文献也致力于解释边界扳手的多种角色。从信息处理的角度来看，边界扳手通过在组织间更好的交流和减少不确定性来改善信息处理的过程。

在社会网络分析的文献中，弗里德曼和波多尔尼（Friedman & Podolny，1992）通过文献的梳理将边界扳手分为四种角色：代表角色、看门人角色，建议型中介和信任型中介。弗里德曼和波多尔尼（1992）强调，这些角色随着环境的不同会发生变化，甚至不兼容。为了防止角色的冲突，弗里德曼和波多尔尼（1992）将组织中不同的人赋予不同的角色。但值得注意的是，在知识网络跨边界活动中，信任中介、建议中介、看门人和代表有时是交织在一起的。所以如果进行严格的划分，可能会存在问题。一些研究者们还调查了这些代理人的多角色冲突。边界扳手忍受例如角色冲突和角色模糊的消极心理后果，这些消极的心理后果会减少他们的工作满意度和绩效。然而，边界扳手的角色也为其带来丰厚的报酬、晋升的机会以及与同事之间融洽的关系等。

3. 看门人

看门人的雏形最早起源于西蒙（Simmel，1922）著作之中。随着有关西蒙（1922）提出的两类重要中介类型（一类是看门人和代表，他们都具有跨边界角色；另一个重要的跨边界角色是知识中介人）文献的不断涌现，看门人概念也逐渐清晰化。看门人又可以被称为"把关人"或"守门人"，最早是由美国社会心理学家库尔特·卢因（1947）提出。卢因（Lewin，1947）认为，在研究网络传播时，信息的流动是在一些含有"门区"的渠道中进行的，在这些渠道中，存在着一些把关人，只有符合群体规范或"把关人"价值标准的信息才能进入传播渠道。因此，卢因（1947）认为看门人是信息控制者和决策者。在卢因之后，传播学者怀特（1950）将"看门人"引入新闻传播，提出了著名的公式：

输入信息 − 输出信息 ＝ 把关过滤的信息

怀特认为，大众传媒的新闻报道不是"有闻必录"，而是一个取舍选择的过程。在这个过程中，新闻编辑形成一道"关口"，传媒组织成为实际的看门人，由他们对新闻信息进行取舍，决定哪些内容最后与受众见面。

艾伦和科恩（Allen & Cohen）早在 1969 年就已经指出，R&D 组织为了获取竞争优势，必须要获取和挖掘外部最新的科技信息。任何一个 R&D 组织都不能完全依赖于自身维持发展，而是通过组织的跨边界活动从外部顾客、供应商、大学以及竞争者中获取信息（Cohen & Levinthal，1990；Frishammar & Horte，2005）。以前的研究认为当信息被一小部分技术看门人所垄断时外部知识流动是最优的（Allen & Cohen，1969；Taylor，1975；Allen，1977；Tushman，1977；Tushman & Katz，1980；Katz & Tushman，1981；Tushman & Scanlan，1981；Katz & Tushman，1983）。有关 R&D 创新的文献认为从组织边界外获得多样化和最新的信息是组织未来技术发展的动力基础，有助于提高未来组织的吸收能力（Chesbrough，2006；Nooteboom，2004）。20 世纪 70 年代到 80 年代初，大量的文献关注科学技术信息如何注入 R&D 项目组，并分析注入的过程。1977 年麻省理工学院的托马斯·艾伦（Thomas Allen）出版了一本具有影响力的图书——《管理技术信息流》，书中指明不是每一个 R&D 专业人员都和外界信息资源保持直接的联系，最新的科学技术信息而是通过两阶段或多阶段进入 R&D 项目组的，如图 2 - 6 所示。图 2 - 6 显示，在 R&D 项目组与外界之间存在的一小部分关键人物扮演着中间人的角色，艾伦将其定为"技术看门人（technological gatekeepers）"，认为这类行为人通过整合内外部关系优势，获取并扩散信息。当外部信息流入 R&D 项目组时，技术看门人充当"门"（gate）的作用。看门人对 R&D 信息流网络扮演三种重要的角色。第一，看门人具有外部信息获取的角色。看门人充当企业的"天线"（antennae），巡视与 R&D 工作相关的外部环境中新出现的科技发展信息。第二，看门人充当外部信息转换的角色。看门人通过对外部信息的转换确保所获得信息能够被 R&D 项目组其他成员所使用。例如，如果 R&D 项目组与边界外部（杂志论文和个人关系）语言、规范存在差异，看门人将所获得的信息转化成本地 R&D 同事所能理解的语言（Allen，1977）。第三，看门人具有内部信息扩散的职责。看门人通过对外部信息进行消化和整理之后，同时也会将信息传递给组织中的其他同事（Macdonald & Williams，1994）。然而，看门人不能简单地、大范围地发布外部信息。而是，将外部信息向目标工作同事扩散，因为看门人了解哪些目标工作同事能够利用这些信息。

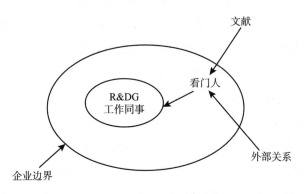

图 2 - 6　技术知识的多阶段流动

资料来源：Allen，T. J. Managing the Flows of Technology：Technology Transfer and the Disseminatin of Technological Information within the R&D Organization ［M］. MIT Press. 1977.

技术和创新管理文献重点关注了看门人概念。这些文献验证了看门人与 R&D 项目在不同任务类型之间的关系。塔什曼和卡茨（Tushman & Katz，1980）认为具有看门人的开发项目绩效远远高于没有看门人的项目绩效。开发项目通过技术看门人的中间角色有效地连接外部信息。同时，塔什曼和卡茨（Tushman & Katz，1980）也发现，如果项目组交流效率低或者附加的中间环节削弱了外部交流，那么看门人对 R&D 项目绩效不产生影响。由于 R&D 项目与外部网络之间存在着明显的差异，因此 R&D 项目应具有本地化含义，与本地的价值观、规范以及本地语言相关，这就需要中间人员在两个系统之间进行转换。

在 Allen 对技术看门人概念定义的基础上，一些研究者们（Tushman & Katz，1980；Giuliani & Bell，2005）在其研究的文献中均强调了一些处在战略位置的重要参与者在信息扩散系统中的重要性，他们把这些人称作看门人（gatekeepers）。塔什曼和卡茨（1980）将看门人定义为：看门人是既与组织内部同事连接紧密，又与组织外部领域连接紧密的一类关键的人物，是代理人所拥有的职责权利的象征，他具有环境监测者和信息发布者的角色。看门人同样有知识过滤和筛选的职责，看门人经过周密、慎重的筛选，采集有利于企业知识创新的信息。看门人所具有的信息筛选、过滤等角色已经在组织层面和产业集群层面的创新研究中得到了验证（Morrison，2008）。努提普（Nooteboom，2003）从网络的视角出发，认为某类行为者处在网络的特定位置中，与其他非直接相联系的参与者链接。处在网络特定位置的行为者被赋予特定的权利，因为他们可以延伸或保留从其他行为者那里得到的信息或知识，努提普（2003）把这类行为者称之为看门人。朱利安尼和贝尔（Giuliani & Bell，2005）从集群网络的视角出发，描述了集群中看门人角色，认为除了艾伦（Allen）所描述的三种角色外，看门人具有内外部良好的链接角色。朱利安尼和贝尔（2005）将技术看门人的概念进行了精确的定义，技术看门人与知识转移相关，处在局域网络中心节点位置并与外部知识资源具有强关系。看门人通过检测外部环境，将技术信息转化为本组织所需的实践知识。此外，莫森和弗里奇（Kauffeld-Monz & Fritsch，2008）使用了和朱利安尼和贝尔（2005）相类似的定义，认为看门人是一个边界扳手，将获得的知识注入区域创新过程的每个环节之中，看门人能够提供区域创新的整体规划。因此，一个没有与本组织分享知识意愿的行为人则不是一个看门人（Morrison 2008，Kauffeld-Monz & Fritsch，2008）。罗伊（Roy，2009）认为通过看门人的参与能够更好地促进双方的交流，创建正式或非正式的关系。一些研究文献重点关注了具备看门人角色的个人所具有的特质以及能力。组织中不是所有人都具有看门人的特质，只有一小部分行为人能有效扮演看门人角色。

艾伦（Allen，1969，1971，1977）认为看门人具有较高的技术执行者特质，最有可能成为一线的监督者。麦克唐纳和威廉姆斯（Macdonald & Williams，1994）认为看门人具有组建社会网络能力的重要特质。威廉姆斯

（Williams，1994）发现由管理者正式委任的员工充当看门人角色是不成功的，主要是因为委任的个人缺乏看门人所具有的自然社会网络技能。看门人业务活动是一项较严肃的业务活动，能够有目的地构建公司内外部的个人关系网络。通过看门人所建立的网络关系不像是朋友之间的强关系，它具有类似于具有特定目标的同事和熟人之间的弱关系特点（Granovetter，1979），并且具有外部信息扩散、关系促进的作用（Walter & Gemünden，2000）。哈拉达（Harada，2003）认为技术看门人经典的定义不适合于日本 R&D 公司，研究发现拥有较高外部信息的员工与拥有较高内部信息的员工其特点明显不同。哈拉达（2003）指出，外部信息通过多阶段流入 R&D 项目组，即外部交流专职人员（external communication stars）将获得的信息先传递给内部交流专职人员（internal communication stars），内部交流专职人员再将信息传递给组织内部的其他人员。

4. 知识中介、边界扳手、看门人在知识转移中的角色

基于对文献的分析和梳理，本书总结出知识中介、看门人和边界扳手概念的起源、定义及其角色，如表 2－2 所示。从表 2－2 可以看出知识中介、边界扳手和看门人角色特征非常相似，而边界扳手与看门人角色基本相同。知识中介具有看门人、边界扳手的创建联系、促进互动以及知识的转换等角色。知识中介和看门人都具有跨边界和扩散知识的角色。二者的不同之处在于其位置的不同。看门人属于相互联系中组织中的一方，而知识中介作为联络人的角色不属于组织的任何一方，在很多情景下他是处于独立的第三方。由于位置的不同，看门人和知识中介在知识转移过程中的角色也不尽相同。但随着对知识中介的深入研究，很多研究者认为，当知识中介作为非独立的第三方中立机构时，可被看做是知识代理人。在这种情况下，知识中介可称为"边界扳手"或"桥梁建设者"。因此，若严格地将知识中介认为是第三方中立机构，本书认为欠妥当。从知识中介的角色分类中可以看到，知识中介具备了看门人、边界扳手的角色范围，同时知识中介者已经参与了决策制定等管理活动。鉴于此，知识中介的角色范围不断地扩大、延伸。在某种

表 2−2　　　　　　　知识中介、看门人和边界扳手的概念及角色

类型	概念的起源	定义	角色
中介	中介行为的认定起源于 19 世纪早期，在齐美尔（Simmel，1920s）和默顿（Merton，1960s）的著作中出现中介业务（brokerage）；古尔德、费尔德斯（Gould R V，Fernandez，1989）将中介分为五种类型	• 两个互不联系的行为人或组织之间的中介人 • 从一个行动者那里获取信息和资源，并向另外一个行动者传递信息和资源的行动者	为了方便一些业务、解决冲突，增强个人权利或社会资本
知识中介	最早出现在 20 世纪 90 年代，医疗和教育领域里的专业角色	• 定义取决于情景 • 保持两个独立群体在网络中的协调，目的是提高网络内信息的流动，防止分裂 • 参与多个群体或组织的个人促进知识转移 • 在教育和医疗方面有更精细化的分类	在创新的文献中： • 通道作用 • 桥介作用 在知识管理的文献中： • 知识获取 • 整合 • 调整 • 扩散 • 创建联系
看门人	看门人概念最早起源于卢因（Lewin，1947）的《群体生活的渠道》 技术看门人的概念最早由艾伦（Allen，1977），朱利安尼和贝尔（Giuliani & Bell，2005）从网络的视角出发描述了集群中看门人角色，在此基础上，大量关于集群产业看门人的文献不断涌入	• 本组织与外部组织之间结构洞的桥梁，控制本组织信息的流入或流出 • 收集或扩散信息的个人 • 处在集群边界上，负责控制外部知识向本集群流入的个人	• 对内外部进行良好的链接 • 具有优异的外部知识的开发，并能将外部获得的知识运用到组织中，向组织内部的同事转换 • 促进与其他小组成员的沟通 • 有助于减少组织层面的不确定性 • 解释和转换知识 • 克服边界，促进交流和知识流动
边界扳手	跨边界行为者（Boundary spanner）最早在 1920 年的文献中描述 玛尔斯和西蒙（March & Simon，1958），凯兹和卡恩（Katz & Kahn，1966），布郎（Brown，1966）描述了跨边界行为人 边界扳手的概念由图什曼（Tushman，1977）提出	• 多重性定义 • 内外部组织之间的接口，允许组织之间进行资源交换	

资料来源：根据文献整理。

特定的情境下，知识中介可以是边界扳手、看门人。知识中介角色的多样化使其成为一个复杂的、情景化的群体。虽然交互的约定是知识中介的不变特征，但知识中介角色是情境化的，因此很难对其角色进行统一的、标准化的制定。尽管知识中介具有相似的职能，但每个知识中介在不同的情境下具有不同的行为方式，因此知识中介是相当复杂的系统。

研究者们通常把边界扳手和看门人视为相似的概念，或者相关的概念研究，将看门人看作边界扳手的子类。勒维纳和瓦斯（Levina & Vaast，2005）将边界扳手角色分为代表、看门人、建议中介、信用中介还有大使、侦察兵、警卫和哨兵的角色。艾本坦和阿森斯（Abittan & Assens，2011）在集群产业的研究中，定义边界扳手在区域或组织内扮演看门人、桥介和中心连接器以及专家的角色。至此，在这种情况下，当边界扳手执行特定角色时，看门人可以看作边界扳手，当与边界扳手的其他角色联系在一起时，看门人可以看作边界扳手的一个子类。

2.2.2 看门人在知识转移中的角色

吉特尔曼和科格特（Gittelman & Kogut，2003）认为具有高水平的吸收能力和关系资本的看门人，通过正式或非正式的渠道保持内外部信息资源之间更好的连接关系，承担边界扳手的角色。看门人概念的界定为研究分析看门人在知识转移中的作用提供了强有力的分析工具。安德里亚·莫里森（Andrea Morrison，2006）分析了看门人在产业集群中知识转移的角色，认为看门人具有对外部知识搜寻、翻译转换新知识以及在本组织内部进行知识扩散的能力。看门人在组织之间知识转移中具有多种角色，在促进知识在组织内进行转移中发挥着重要的作用（Cranefield & Yoong，2007）。将看门人角色划分为7种类型（Cranefield & Yoong，2007）：（1）组织的旗手（flag-bearer）；（2）组织内项目的提倡者（project advocate）；（3）新知识的口译员和翻译员（translator and interpreter）；（4）侦查员（seeker of knowledge）；（5）项目后期阶段知识共享和知识创造的促进者；（6）宣讲人（storyteller）；（7）内部专家（in-house expert）。

以前涉及技术转移的研究文献认为为了促进知识转移的成功，要求个体行为人转移知识。吴作栋（Goh，2002）认为组织内部成功知识转移的关键环节是通过看门人的领导能力、信任构建、协作以及吸收能力等辅助知识有效转移。看门人能够促进组织内员工之间信任的建立，使其技术转移活动能够顺利实现。然而，由于接收方吸收能力的缺乏导致从看门人到员工之间知识的转移贫乏。看门人所具有的收集、编码和扩散相关知识的能力，同时允许其他人从自己的外部关系中获益，并且建立组织内部同事与外部合作伙伴之间的联系（Rychen & Zimmerman，2006）。朱利安尼和贝尔（2005）认为看门人具有高吸收能力和外部资源强关系的特质。哈拉达（Harada，2003）认为在 R&D 组织中看门人角色的有效性与看门人在本组织内所花费的时间成正比。格推德韦尔（Gradwell，2003）强调了看门人的中介角色，认为看门人通过研究出版物或利用其拥有的网络关系从外部环境中搜寻知识，并将外部知识转换为组织成员所能理解的相关知识。

由于跨国公司网络内各成员的知识都是在各东道国一定的社会政治、经济和文化背景下产生的，管理知识转移的有效性必然受到多种因素的影响，其转移模式与转移路径也具有自身的独特性。如何建立沟通的桥梁，减少"距离量"，为跨国公司提供跨边界对话的机会，改善团队学习条件，是跨国公司有效进行知识转移的关键。而在跨国公司知识网络中有一类个体行为人，即看门人，在知识转移中扮演着重要的角色。通过网络看门人的紧密工作，建立跨国公司的关系网络，促进知识的交流与转移。为了有效开发知识，组织看门人需要与合作伙伴维持广泛的交流，并且在网络中的变化充当代理人角色。勒维纳和瓦斯（Levina & Vaast，2005）认为跨边界代理人在创新多领域中判定和共享知识，并且利用跨边界代理人的资源来促进网络伙伴间的交流与互动。因此看门人在网络的关系中扮演着重要的角色。托马斯（Thomas，1994）认为跨国公司外派人员（看门人）具有跨边界的角色，托马斯（1994）通过整合微观和宏观层面的文献开发了跨国公司外派人员

（看门人）跨边界行为的因果模型，该模型强调环境不确定性是外派人员
（看门人）跨边界活动的驱动因素，认为在不确定性的环境下，外派人员
（看门人）将增加跨边界行为的水平。然而，外派人员（看门人）如何能够
意识到环境的不确定性以及对不确定性做出何种反应是对外派人员（看门
人）跨边界角色将要面对的挑战。逢和福田（Au & Fukuda, 2002）基于安
科纳和考德威尔（Ancona & Caldwell, 1992）的分类（见表 2 - 3），提出了
跨边界活动的多维测量方法。

表 2 - 3　　　　　　　　　　　　R&D 团队跨边界类型

跨边界活动	活动目的
代表（ambassador）	劝阻和保护；资源获取的游说者；缓冲外部压力
侦查员（scout）	搜寻相关竞争、市场和技术信息
任务协调人（task coordinator）	为了协调技术或设计观点而进行专业互动
警卫员（guard）	保持团队机密，控制信息泄露

资料来源：Ancona D. & Caldwell. D. Bridging the boundary: External activity and performance in organizational teams. Administrative Science Quarterly, 1992, 37: 634 - 665.

尽管一些研究提出了外派人员（看门人）跨边界角色的类型，但没有
关注在国际背景下，外派人员（看门人）跨边界的特殊角色。大多数研究
主要依据安科纳和考德威尔（Ancona & Caldwell, 1992）的分类，而安科纳
和考德威尔（1992）的分类主要以团队作为分析对象，并且只涉及了跨国
际组织边界的业务处理。随着国际业务活动的频繁发生，外派人员（看门
人）的跨边界活动也日益多样化。凯伦、约翰逊和琳达（Karen L., John-
son, Linda, 2010）提出了外派人员作为看门人的跨边界角色的 9 种类型，
如表 2 - 4 所示。凯伦、约翰逊和琳达（2010）通过探索性案例研究方法
验证外派人员（看门人）与组织外部代理人的互动，其研究结果表明外
派人员（看门人）随着东道国环境的不同其与代理人的互动而不断变化。
外派人员（看门人）的角色类型与以往的研究结论相比，角色类型更加

丰富，并且外派人员（看门人）的不同角色类型的重要程度有所不同，从表 2-4 中可以看出，创建联系角色是外派人员（看门人）的主要角色类型。

表 2-4 外派人员跨边界角色的分类

维度	活动描述	边界转换
联系创建	建立和维持与外部代理人的联系	开启外部边界
计划	试图影响外部代理人的议程、观点，说服外部代理人支持本组织边界扳手的工作	开启外部边界
情报收集	集中搜索非正规渠道所获得的敏感性内部信息	开启特权信息向内部流动的边界
传递	传递信息	开启资源向外部流动的边界
协调/协商	与外部代理人进行协商	开启向内部和外部双向流动的边界
警卫	拒绝代理人对本组织信息或资源不合理的需求	关闭向内或向外的边界
信息收集	集中收集非敏感信息	开启相关任务信息向组织内流动的边界
代表	模型化组织的想法	开启边界向外流动的印象（image）
中介人	在两个或更多外部代理人之间介绍、推荐、引荐	开启边界向外流动的影响（influence）

资料来源：Karen L. Johnson, Linda Duxbury. The view from the field: A case study of the expatriate boundary-spanning role [J]. Journal of World Business 45 (2010) 29-40.

凯文和约翰（Kevin & John, 2002）基于社会资本理论和角色理论，对232 位外派人员进行调研，发现当外派人员扮演跨边界角色时，通过外派人员转述本地化信息和识别满足跨国公司内部需求的机会，能够为跨国公司提供更多的利益。此外，从事更多跨边界活动的外派人员在跨国公司内部具有更高的工作满意度和更高的权力。哈尔茨和克雷默（Harzing & Kraimer, 2008）认为国际代理人（international assignees）是跨国公司业务单元之间的信息边界扳手（informational boundary spanners），是具有创造性智力资本的一类行为人。国际代理人是知识中介（knowledge brokers），通过链接本国和东道国之间的社会资本，创造跨国公司各业务单元之间的智力资本，因此驱动不同的业务单元访问以前没有链接的知识资源。国际代理人是知识的传送者（knowledge transmitters），通过东道国社会资本促进他们个人的智力资本，随后将其转换成跨国公司各业务单元之间的智力资本。赖歇、哈尔茨和克雷默（Reiche、Harzing & Kraimer，2008）根据国际代理人的东道国社会资本对各业务单元智力资本的影响，提出了两路径模型，如图 2－7 所示。第一种路径是，作为一个知识中介者，国际代理人通过各业务单元之间社会资本的发展，以此将其在东道国所获得的社会资本影响各业务单元之间的智力资本。第二种路径是，作为一个逆向知识传送者，国际代理人通过自身新的智力资本的创造，以此将在东道国获得的社会资本影响各业务单元之间的智力资本。

2.2.3　看门人社会网络与知识转移

从社会网络的视角分析，看门人处在网络的特定位置上连接彼此互不联系的行为者（Nooteboom，2003）。处在网络特定位置上的行为者被赋予一定的特权，因为他们可以扩展或限制从其他行为者发出的特定知识或信息（Wellman，1983）。看门人对创新过程的影响已经在众多文献中被讨论，艾伦（1977）在其研究中明确了看门人概念的同时，进一步明确了看门人在组织之中正式的知识转移角色。艾伦（1977）认为一个有效的看门人具有在组织内外部特有的行为能力。艾伦（1977）认为看门人具有以下特点。

（1）看门人是"高传播者"和"高技术执行者"。

（2）看门人在网络中处在核心位置上。

（3）看门人能够暴露外部信息资源。

（4）经常通过非正式的方式与外部行为人创建联系。

朱利安尼和贝尔（2005）认为技术看门人可以是一个在本地网络中处在中心位置上的企业，非常紧密地与外部知识资源链接。看门人监控外部环境并且能够将技术信息转换为本组织可实践的知识。看门人在集群的边界上

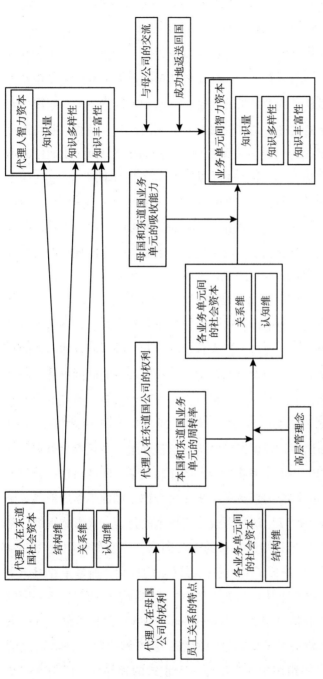

图 2 - 7 跨国公司业务单元间的智力资本与国际代理人社会资本的作用

资料来源：B. Sebastian Reiche，Anne-Wil Harzing，Maria L. Kraimer. The role of international assignees' social capital in creating inter-unit intellectual capital: a cross-level model [J]. Journal of International Business Studies. 2008，23（4）：123 - 145.

运作，通过获取、转换和扩散知识避免集群内部组织外部连接关系的锁定。社会网络是影响知识转移的重要方面，也对技术转移产生影响。博格等（Bonger et al.，2003）研究表明个人能够通过会议发言和筛选研究出版物来获取新知识，建立新的网络关系，并通过应用从他们拥有的网络关系中获得的知识来提高其工作质量，其中最重要的是扩大他们的网络关系。组织中看门人有效进行知识转移的关键，是其同时拥有组织的内外部网络，并且通过所拥有的内外部网络增强看门人的工作绩效（Tushman & Katz，1980；Katz & Tushman，1982）。然而，一个清晰和普遍可接受的"网络"的定义尚未统一。因此，关于"网络"统一定义的达成是很多研究中反复出现的问题。索伊弗特、旺·科鲁夫和巴赫（Seufert，Vonkrogh & Bach，1999）把网络定义为个人、群体或组织之间的联系。网络代表个人和组织之间现存的关系和不存在的关系（Brass、Galaskiewicz、Greve & Tsai，2004）。奥利弗和利贝斯金德（Oliver & Liebeskind，1998）调研554家新生物技术企业在15年期间内通过使用网络获取的智力资本，研究发现技术转移在智力资本的形成中发生，原因在于组织内部研发人员、技术转移人员和经理之间存在大量的互动关系。这些互动关系无论是面对面的还是虚拟的，随着时间的推移，会形成一个实践的社会团体，通过知识分享来扩大和开发新信息。桑托罗和戈帕拉克里希南（Santoro & Gopalakrishnan，2001）通过对美国89家企业和21家大学研究中心的合作调研，发现组织结构、信任和组织文化都显著影响组织知识转移活动。研究进一步发现通过增加产业和大学之间的信任，合作不断增加，网络所产生的强社会关系又进一步促进合作，如此不断地形成一个良性循环。布劳（Blau，1977）认为个人在网络中的行为方式影响组织，网络是一个影响组织知识传播和知识转移的重要因素。克罗斯和帕克（Cross & Parker，2004）在研究中隐藏了组织中社会网络的权利，而基于在组织中个人之间的互动关系网络将个体行为人定义为中心连接者、边界扳手、周围人（peripheral people）和信息中介（information broker）四种类型。看门人作为一个中心连接者影响一个整体的组织网络，参与解决问题并对信息的请求做出回应。这些人在组织中通常不是一个正式的领导者，但是他们知道谁能够提供重要的信息或经验。然而，这些人所具有的中心性对组织网络产生约束，因为他们控制所有的信息，如果这些信息不进行交流，那么组织就不能进步。弗里曼（Freeman，1979）提出三种中心性的测量指标，关系数量、中介性（betweenness）和接近中心性（proximity）。关系数量指在网络中个人活动的度，而中介中心性可以测定某行为人处于网络中位置的核心程度，处在核心位置上的行为人控制其他人之间的交往能力，其他人需要通过处在核心位置上的行为人才能进行交往。中心度测量的是行动者对资源信息的控制程度。如果一个点处在其他点的交通路径上，则该点的中间中心度就越高。接近中心度，考察一个点传播信息时不靠其他节点的程度。当行动者越是离其他人接近，则在传播信息的过程中越是不依赖其他人。因为一个非核心成员必须通过其他人才能传播信息，容易受制于其他节点。

科恩和利文索尔（Cohen & Levinthal，1990）认为看门人作为边界扳手在网络中是一类最重要的个体行为人。边界扳手为群组间提供重要的联系。边界扳手重点培育与外界网络中的其他行为人的关系，例如通过与其他部门人员的交流。边界扳手在环境中扮演重要的角色，通过建立战略联盟或开发新产品而共享经验。克罗斯和帕克（Gross & Parker，2004）认为网络很少有边界扳手，因为很多人不具有广泛的经验、社会网络的丰富财富以及被不同群组所接受的个人特质。换句话说，很少有人具有一个边界扳手的特质。克罗斯和帕克（2004）认为看门人是一类周围人（peripheral people）或者专家被看作网络的外部者。这些人被看作拥有专业种类信息或者技术知识的专家，当需要的时候，他们会以小组成员的身份参加讨论。技能、经验和网络异常的独特视角通常不具有杠杆效应，因此代表未被开发利用的资源。

克罗斯和帕克（Cross & Parker，2004）认为看门人具有信息中介（information broker）的作用，具有转换、信任建立和隐性—显性转换的功能。看门人在全组织中扩散信息，促进在组织内个人之间的连接，同时与组织外部的个人建立联系。克罗斯和帕克（2002）的研究认为，信息中介（看门人）对于非正式网络的有效性更重要，因为虽然他们不一定具有中心连接者所拥有的直接联系，但他们却执掌中央连接者的权力。领导才能、交流技能以及从外部网络中发展一个强大社团的能力是看门人重要的有效特质。看门人的这些特质辅助知识在组织网络内和网络外成功进行转移。野中郁次郎（1998）认为看门人在技术转移过程中的权利和重要性是基于知识需要被解码的程度决定。更多的文献需要分析被看门人转换的知识流和关系的特点。事实上，更多的文献讨论行为人的类型在某种情境下的作用，很少有文献讨论他们网络关系的情况（Petruzzelli，Albino，Carbonara & Rotolo，2010）。

从组织的视角看，网络能够促使企业转移和转换知识，通过与其他企业所建立的社会关系获得有价值的知识（Walter，Lechner & Kellermanns，2007）。索伊弗特、旺·科鲁夫和巴赫（Seufert，Vonkrogh & Bach，1999）通过对知识网络框架的开发指出，在特定的行为人（看门人）之间存在一种特定的关系，这种具有附属特点的关系属性能够作为一个整体来解释行为人的社会行为。知识网络意味着行为人的数量、行为人之间的关系和资源，知识网络中的行为人以创造价值为目的，通过知识创造和知识转移过程积累和利用知识。具有很多的优势、质量和强度的网络嵌入在特定位置，连接着处于不同位置的具有特殊技能的专家。重要的非正式网络是具有竞争性的，被组织的正式结构、工作流程、地里的分散、人力资源实践、领导风格和文化所分散（Cross，Borgatti & Parker，2002）。特蕾西和克拉克（Tracey & Clark，2003）认为个人主要依赖他们的网络关系获取信息和解决问题。然而，仅通过个人力量来解决这些问题是非常困难的，因为以个人来有效地整合网络中的独特视角是困难的，这些独特视角的整合要求个人具有丰富的学术经验或实践经验以及复杂的背景和问题解决方式（Klingner & Vaughn，1996）。网络促使一个与其他企业只有间接联系的企业能够获取不同的信息，知识的间接来源如果没有知识转移网络将不可能被访问（Kota & Prescott，2002）。知识网络对知识转移和知识创造具有正向影响（Schonstrom，2005）。知识创造通过具有不同行为人、不同机构的网络以及在网络中扩散知识所支持（Danneels，2002；Dyer & Nobeoka，2000；Eisenhardt & Martin，2000）。艾森哈特和马丁（Eisenhardt & Martin，2000）指出，看门人在组织中的动态能力可通过对知识创造的有效性来衡量，知识创造依赖于看门人的不同视角和经验扩大信息的利用范围。斯旺等（Swan et al.，1999）对使用IT 的局限性创造网络结构促进知识共享的案例调研，发现看门人通过类似于网络的一种跨边界活动发现到新知识和新技术而支持创新。通过跨边界活动，看门人不断接触与自己本组织相关的知识。遍布于组织中个人之间的知识链接被描述成一种社会网络。凯文和约翰（Kevin & John，2002）认为本地经验和社会网络多样性能够促进外派人员的跨边界活动，但是环境的不确定性和海外经历对外派人员的跨边界活动几乎没有影响。通过从事跨边界活动，外派人员很少感觉角色模糊并能获得角色利益，同时，这些外派人员更加热切地希望使用在东道国不同团体所获取的资源。

汤普森（Thompson，2003）发现个人之间的互动方式可以通过网络关系所验证。社会网络中信息的流动成为传播知识的渠道。社会网络可以看作群体中行为人关系的图谱。这些关系可以代表友谊、联系、交流、工作流或者商品的流通（Scott，2000）。从高校的视角，社会网络可以看作校友的社会。这些网络往往对产业和学术界之间的关系产生重要的影响，原因在于在校友中的绝大多数人在产业领域工作，并且不断地与学术团体分享联系。一个企业的核心部件是不同权利关系网络的存在，在个人的关系网络内部塑造公司的过程和实践。权力大的行为者驱动网络产生。布里奇（Bridge，2002）认为在网络中的权力是个人职位的函数，或者来源于行为者之间关系的强度。马拉巴等（Malerba et al.，2006）使用了看门人和网络"中心"这两个术语，认为一个网络内部的知识中介称为网络"中心"，不同网络间的知识中介称为看门人。马拉巴等（Malerba et al.，2006）考察的欧洲企业全球分支网络与本书研究的网络非常相似，其研究的焦点也是看门人——连接两个规模水平相同组织的知识中介。马拉巴等（Malerba et al.，2006）区分看门人与网络中心的定义对其研究结论是有益而实用的。认知实体是否含有地理实体的内容将在后面的研究中单独考察。事实上，网络分析本身是一个技术分析过程，因此，看门人的概念既要以文献研究成果为基础，同时又要结合分析方法。

研究跨国公司知识流动的文献中，有相当一大部分文献通过关注参与转移双方之间关系的特性（网络特性）以及这些关系如何影响知识转移过程而研究知识流动。20 世纪 90 年代，文献主要验证跨国公司的依附性程度对知识流动的影响，主要聚焦于子公司对总部的依赖程度以及与其他姊妹公司的依赖程度等。随着时间的推移，这一关注焦点逐渐转移到验证网络关系以及网络之间的特性如何影响知识转移。这种趋势主要源于对跨国公司概念的理解，认为跨国公司是一种差异化网络（Nohria & Ghoshal，1997）。很多文献利用网络理论解释跨国公司相关现象，研究网络的规模长度、强度以及密度等对知识转移的影响（Gnyawali et al.，2009；Hansen et al.，2005；Min-baeva，2007）。赖歇、哈尔茨和克雷默（Reiche、Harzing & Kraimer，2008）认为跨国公司各业务单元之间的知识流动是复杂的、不断进行的，并且分析知识流动应是多层面的。赖歇、哈尔茨和克雷默（2008）认为个人社会资本需要被明确地转移到组织层面，以此对各业务单元之间的智力资本产生持续的影响。仅仅通过员工跨组织单元的活动来进行知识转移是不足的。网络的稳定性对于社会资本的维持是必要的，持续不断的知识转移加强了组织采用与雇员之间的长期雇佣关系，以此从他们雇员的网络关系中收益。同时，代理人和公司层面的特性共同影响跨国公司知识流动，而且需要进一步解释如何概念化、测量和促进在跨国公司跨业务单元的知识转移。克里斯蒂纳（Kristiina Mäkelä，2007）认为侨民关系作为一种强关系是跨边界知识分享的重要渠道。他的实证研究结果表明，与正常的跨边界关系相比，侨民关系具有直接知识共享结果的典型特点。第一，与正常的跨边界关系相比，更丰富、更持久的侨民关系能够创造更多知识分享的机会。第二，侨民关系具有更高的信任和多元化水平，通过共享经验、距离相似性和长期的面对面互动所驱动。第三，在跨国公司内部，侨民对知识共享产生持续影响。哈维（Harvey，1999）认为作为代理人的侨民（expatriates）因具有特殊的身份影响总部代表的关系网络而发挥更多的权力。赖歇（Reiche，2011）基于 10

家德国跨国公司 269 位驻海外人员样本，发现驻海外人员的跨边界活动对跨国公司知识转移具有正向影响作用。

2.3　文献评述

本书研究的目的是通过对文献的梳理，总结知识中介、边界扳手以及看门人的概念以及在知识扩散和转移中的角色。通过对概念的追溯和角色的认定，本书总结出三者的重叠及不同之处。看门人和边界扳手在组织和环境之间起到纽带作用，其特点是通过强大的组织内部网络和外部网络的链接，收集外部信息，减少组织面临的不确定性，促进组织间知识转移。边界扳手有很多的功能，包括信息的转换、获取客户资源，而看门人主要关注信息的收集和知识转移。知识中介具有和看门人相似的特点，当知识中介是中立的第三方组织时，不跨边界，而看门人跨边界。本书将边界扳手、看门人以及知识中介的概念进行了比较，他们的角色具有很大的相似性。通过对看门人社会网络理论以及看门人知识转移理论的研究综述，发现以往对看门人的研究主要以看门人中的某一类人进行分别研究。例如，很多文献研究跨国公司的外派人员、侨民、经理等对跨国公司知识转移的影响。未将这类具有"看门"或"守卫"角色的行为人形成一个整体进行研究。其实在文献梳理的过程中发现，跨国公司外派人员或者侨民在跨国公司与东道国网络进行知识转移时，充当看门人角色。当然本研究的跨国公司看门人不仅包括外派人员或侨民，而且还包括中层经理、项目负责人、研发负责人以及一小部分研发雇员、技术骨干。由于以往文献把看门人看作地理实体——空间区域的守卫者，这一概念无疑缺少了看门人作为一个认知实体的灵性。同时，看门人作为知识转移的重要推动者，具有知识获取、知识整合、知识扩散以及创建联系角色。在未来的研究中，希望通过实证研究进一步验证和理解他们的贡献及差异。同时，未来的研究应考虑情景变量，动态分析知识中介、看门人以及边界扳手的角色变化。

　　研究跨国公司知识转移的文献近几年来不断地涌现，有关跨国公司知识转移的大部分文献以知识转移为研究对象，分析跨国公司内部知识流动以及跨国公司与东道国网络之间的转移规律，已经取得了丰硕的研究成果。但是，研究跨国公司知识流动与转移的文献，缺少对知识转移过程内部机制更加微观和细致的探究，比如在知识转移过程中哪些个体行为人发挥着关键的作用；而且，众多研究从组织的层面上分析以跨国公司各节点组织为最小分析单位，着重研究了跨国公司与网络中的合作伙伴之间、跨国公司各业务单元间（子公司间）的知识转移行为，而未能深入研究节点组织的内部个体行为人的知识转移行为，以及处在重要节点位置上的重要链接行为及知识流动机制。

　　跨国公司知识转移影响因素的研究是跨国公司知识转移研究领域最为重要的一个分支，由于此方面的研究具有较为重要的理论意义和实践意义，因而吸引了很多学者的关注，理论体系也比较成熟。研究学者在总结前人的研究成果基础之上，均试图提出一个影响知识有效转移的整体因素模型。而每个模型由于视角不同，模型的研究结论各有差异。在研究知识转移影响因素的文献中，大部分文献对跨国公司的知识转移已经进行了较深入的研究，但这些研究大多是集中在知识特性、转移双方关系的特性、行为者特点等对知识转移的结果的影响进行论证。大部分文献较多地采用理论假设与实证检验相结合的方法，通过实证结果验证研究假设。理论模型假设主要依据"知识发送方——知识接收方"的二元知识转移模式，进行知识转移影响因素模型的构建。但是，为了更加清晰地理解知识转移的路径，一些学者关注了知识转移的媒介作用。而现有研究知识转移媒介的文献主要集中以组织作为传输媒介，特别是以第三方中介机构在医疗卫生领域进行知识转移的文献较集中。但在这些文献中，很少关注解释组织流程或个人如何可以促进知识转移。因此，本书以跨国公司看门人为研究对象，分析看门人在知识转移中的作用，以及对跨国公司知识转移绩效的影响。

2.4　看门人概念及角色界定

本书基于上述知识中介、边界扳手和看门人概念及角色的梳理与讨论，发现看门人与边界扳手概念相似，可以视为同一概念进行研究。但由于知识中介具有情景化变量，在不同的情景下，知识中介角色不同。因此本书借鉴了前人对看门人的研究成果，但关于看门人的定义和特征有别于已有的研究文献给出的定义和特征。已有的研究视看门人为地理实体——空间区域的守卫者，而本书把看门人看作一个认知实体。将看门人定义为：乐意与其他参与者分享知识，在网络联系中处于重要位置的参与者。如果将看门人置于网络有利的位置上，一旦替换掉看门人，网络内的知识扩散程度势必明显降低。

没有看门人，网络的其他参与者之间就形不成联系。通过看门人，在其他参与者之间建立的联系越多，网络聚合性越强。在下一章，通过计算机仿真模拟计算看门人视角下社会网络知识流动指标，通过"中介中心性"的计算网络中重要参与人的介数。"纯"看门人是指这样的参与者，即其他的任意两个参与者只有通过它才能联系起来的参与者。在大型网络中，"纯"看门人往往不存在，通常任意两个参与者之间总有更多的连接路径，不一定非要经过它才能建立联系。本书认为中介中心性较高的参与者就称为看门人，即使其他的任意两个参与者之间存在更多的连接路径。

根据本章节 2.2 和 2.3 文献的梳理，综合已有研究的定义内容，本书将看门人的特征归纳如下。

第一，就对知识扩散影响而言，与其他参与者相比，看门人在网络中居于相对重要的位置。

第二，看门人不仅能与认知相似度高的其他参与者建立强连接，而且能与认知相似性度低的其他参与者建立强联系。

第三，看门人具有很强的知识吸收能力、很强的隐性知识与显性知识互相转换的能力。

第四，为了共同的使命或目标，看门人乐意与认知相似度高的参与者和认知相似度低的参与者分享知识。

这些特征是看门人概念研究的方法论基础，将其置于社会网络以及知识转移情景下来考察将会使看门人的概念及角色会更加具体。看门人在知识转移中的角色概括起来具有如下角色。

1. 知识获取

外部知识网络是组成知识的重要资源。知识获取包括从不同群体或领域获得知识，为了获得新知识，看门人不得不进行跨边界活动。看门人在获取知识的过程中通常先选择知识源，从认为可能对本组织有益的知识源组织中获取信息。这些知识源组织允许看门人筛选或过滤相关的信息。接收方组织通过看门人所获取的新知识提供解决问题的方法或思想。基于野中郁次郎和竹内弘高的研究，知识来源可以划分为两个维度：显性知识和隐性知识。看门人通过对特定知识类型的获取采取不同的获取方式。显性知识比较容易转移，并且可以较容易地由看门人通过不同的转移工具完成，例如书籍、手册、工作守则、简讯、电子数据库等。然而，看门人从外部组织获取的知识，大部分由隐性知识构成。一个组织的知识通常情况是隐性的，嵌入在组织文化、社会文化之中。对于隐性知识的获取，需要看门人不断地挖掘、理解和分析。

2. 知识整合

从知识接收者角度分析，作为中介者角色的看门人必须整合新知识以便能更好地在接收者中转移。哈根顿（Hargadon，2003）认为随着看门人收集、汇总和检测最有价值的知识，看门人也就成为一个真正的知识整合者。此外，看门人在知识整合阶段的最终目标是为知识在发送方和接收方之间的转移提供方法和工具。看门人（知识中介）通过信息收集、情报的综合与处理等的整合过程创造价值，以便为组织在遇到问题时提出可操作化的方法

（Landry et al.，2007b）。看门人在知识整合阶段的行为就是依据目标修整信息内容，目的是更好地使用知识。在这一点上，看门人喜欢用一种战略的态度将研究转换成一种显而易见的语言，为使用者提供易于操作的模式。在使用不同概念或语言的交流群体之间，看门人能够减少认知距离（Roy & Fortin，2009）。因此在本阶段，看门人收集、调整以及提供及时的信息为决策者制定决策。

3.　知识扩散

在本阶段，看门人通过调整信息和他们固有的交流方式，选择合适的知识扩散对象。黑利（Hailey，2008）分析了看门人在健康服务组织中扩散研究成果的重要性。为此，看门人可以提供和使用相关信息，并在目标组织中进行扩散，以便为决策者的决策提供依据。

4.　创建联系

建立联系是知识转移的有效部分。罗伊（Roy，2009）认为通过看门人的参与能够更好地促进双方的交流。看门人最关键的行为就是增加双方交流的机会，增强它们对知识转移的影响。看门人具有分享工作的想法、经验和证据，有效的转移知识、激发创新的作用。

第 3 章

看门人社会网络知识流动仿真

看门人通过控制其他人访问特定资源的权利，调节本组织与其他组织之间的互动，对本组织行为以及对本组织中的知识转移产生强烈影响的行为人（Flack et al. 2006）。看门人处在组织网络的边缘，经常与邻近的组织建立联系，或者通过所具有的多种社会角色影响组织之间的行为。尽管这些角色可以用不同的行为解释，但研究表明（Newman，2003；Albert et al.，2002），具有相似知识流动的组织网络，具有整体网络特征的普遍特质。例如，在一个具有较少看门人的组织网络中，交互次数通过本网络中其他非看门人迅速复制看门人行为而被呈现出来。因此，看门人数量成为一个交互网络中有用的代理人以及为行为选择创造机会（Albert et al.，2002）。当看门人控制冲突时，看门人数量将成为网络稳定性的重要评价标准。因此，分析看门人数量变化对网络知识流动的影响机制对进一步厘清看门人与知识流动的关系特质具有重要的意义，因为看门人数量是网络的重要特征之一（Lacey & Martins，2003）。

社会行为的研究更多地关注于更大的群体动态机制，例如，联盟、社会学习等。有效的分析工具和评价指标是分析网络群体中个体行为的关键。图论成为群组中个体行为研究的主流（Wasserman & Faust 1994，Wey et al. 2007）。图论能较好地解释知识接收方组织与知识发送方组织通过代理人链接的网络拓扑结构，是分析和描述复杂网络结构最有用的方法。在很多领域包括计算机网络研究、电子工程以及医药科学领域，图论已经被认为是一种有用的工具。这种关系拓扑很适合在社会网络分析中应用。本书通过一系列二元交互构建一个图，图中的节点代表网络中的行为主体，线代表行为主体之间的联系，权重代表交互的频率。在网络中具有大量和重要交互关系并处于主导地位的行为人被看作看门人。看门人在网络中的作用可以通过网络的中心性指标（度、紧密度、中介中心度）进行测量。为了获得网络中心性，首先计算个体行为人（节点）的中心度，然后通过一组中心性方差描述看门人在群组中的相对比例。

最近有关对复杂网络的多方面研究越来越多。网络中的特征及结构可以通过一个简单网络模型成功进行解释。复杂网络是一个能够很好地模拟在真实系统中个人之间互动的动力过程提供描绘工具。疫情蔓延、信息转移、资源获取、社会的稳定都会受到网络动态机制所影响。吉马良斯等（Guimaraes et al.，2007）认为网络成员的平均交互数量（度）、行为主体之间的社会距离（平均路径）都会影响疾病的传染。因此，密切地关注在复杂网络中个体行动者的特点对于组织新知识的获得起到至关重要的作用。

3.1　社会网络的评价指标

社会网络的凝聚性指社会网络拥有的多条纽带。人员之间的纽带越多，结构越稳定，即可以认为凝聚性越高。在网络分析中，符合这种理念的是网络密度的概念。密度是实际存在的连线占所有可能出现的连线的百分率，其定义为：

$$DN = \frac{\sum_{i=1}^{n} d_i}{n(n-1)}$$

云集系数也称为聚集系数，是表示一个图形中节点聚集程度的系数，在现实的网络中，尤其是在特定的网络中，由于相对高密度连接点的关系，节点总是趋向于建立一组严密的组织关系。在现实世界的网络，这种可能性往往比两个节点之间随机设立了一个连接的平均概率更大。

在很多网络中，如果节点 v1 连接于节点 v2，节点 v2 连接于节点 v3，那么节点 v3 很可能与 v1 相连接。这种现象体现了部分节点间存在的密集连接性质。可以用云集系数（CC）来表示，在无向网络中，云集系数定义为：

$CC = \dfrac{2n}{k(k-1)}$，其中，n 表示在节点 v 的所有 k 个邻居间的边数。

大多数社会网络都有一些占据中心位置的人或机构，他们由于占据了特定的位置。能够方便地获取信息，并且传播信息的机会也越大。这种立足于单个行动者来考察中心度的方法，称为自我中心法。另外，如果从社会中心角度来看，整个网络总有一定程度的中心化。如果网络能够清晰地划分出中心和周边部分，那么就是一个高度中心化的网络。在这样的网络中，信息很容易传播，而且中心部分对信息传递是必不可少的。在社会网络中心性的描述中，中心度与中心势是两种重要的测量方法。中心度指的是一个点在网络中居于核心地位的程度，而社会网络的中心性又可分为点度中心性、中介中心性、接近中心性三种。

（1）点度中心性（point centrality）。点度中心性指的是在社会网络中，一个行动者（actor）与很多其他行动者有直接联系，该行动者就处于中心地位，从而拥有较大的权力。

（2）中介中心性（betweenness centrality）。中介中心性指如果一个行动者处于许多交往网络的路径上，可以认为此人居于重要的地位。因为他具有控制其他两人之间交往的能力。中间中心度测量的是行动者对资源信息控制的程度，如果一个点处于许多其他点对的测地线（最短途径）上，就说该点具有较高的中间中心度。

（3）接近中心性（closeness centrality）。接近中心性指一个行动者与网络中其他行动者的接近程度。一种不受他人控制的测度。当行动者越是离其他人接近，则越是在信息传播中不依赖他人。故称此人有较高的中心度。因为一个非核心位置的成员必须"通过他人才能传递到信息"，故如果一个点与网络中其他各点的距离都很短，则该点是整体中心点。弗里曼（Freeman，

1979），提出了有关中心性的测量方法，如表3－1所示。

表3－1　　　　　　　　　　　　中心性测量方法

	点度中心性	中间中心性	接近中心性
绝对点度中心度	$C_{ADi} = i$ 的度数	$C_{ABi} = \sum\limits_{j}^{n} \sum\limits_{k}^{n} b_{jk}(i)$ $j \neq k \neq i \ \ j < k$	$C_{APi}^{-1} = \sum\limits_{j=1}^{n} d_{ij}$
标准化中心度	$C_{AD}(i)/(n-1)$	$C_{RBi} = \dfrac{2C_{ABi}}{n^2 - 3n + 2}$	$C_{RPi}^{-1} = \dfrac{C_{APi}^{-1}}{n-1}$
图的中心势	$C_{RD} = \dfrac{\sum\limits_{i=1}^{n}(C_{RD_{max}} - C_{RDi})}{n-2}$	$C_B = \dfrac{\sum\limits_{i=1}^{n}(C_{RB_{max}} - C_{RBi})}{n-1}$	$C_C = \dfrac{\sum\limits_{i=1}^{n}(C'_{RC_{max}} - C'_{RC})(2n-3)}{(n-2)(n-1)}$

注：此表描述的是几种测度的具体公式，其中 n 表示结点数，表示点 i 和点 j 之间的测地线（两个节点之间最近的途径）距离。

资料来源：Freeman, L. C. Centrality in social networks：conceptual clarification ［J］. Social Networks 1979（1）：215－239.

3.2　研究基础

网络组织是由大量节点构成，通过节点与边的相互连接，依据一定的规则，构成相互作用的组织形式，它具有复杂拓扑结构特征和动力学行为模式，体现了网络组织复杂性、动态性和高度柔性的特征。曹兴和宋娟（2014）采用仿真方法模拟知识在网络组织间转移过程，分析了静态加权网络组织和动态加权网络组织的网络结构、结点特征对知识转移的影响。研究结论表明，网络拓扑结构的动态变化在很大程度上决定了网络中知识或信息的传播速度（转移速度）。新节点的进入、旧节点的移出概率越小，网络结构越稳固，越稳固的网络越有利知识转移。网络的平均相邻节点的连接数越多，节点之间学习能力就越强，知识转移速度就越快；宋娟（2014）的研究结论进一步证明，网络规模对知识转移有显著的正向影响，而且，知识转移频繁程度增大，其影响效果也随之增强；网络组织动态演化过程中，知识转移速率受节点成员的联结机制的影响不明显。寿涌毅等（2012）基于临近性对企业知识网络进行仿真研究发现，网络规模、联结密度和联结久度对知识转移绩效有正向影响，企业间客观存在的临近性差异会对不同网络属性的作用发挥起到增强或削弱的调节效应。林敏和李楠（Min Lin & Nan Li，2010）基于复杂网络的四种典型网络结构（规则网络、无标度网络、小世界网络、随机网络）对知识转移进行仿真模拟，研究发现无标度网络结构对知识转移具有明显的优势。无标度网络形成过程中择优连接机制产生的 hub 节点在网络知识转移中起到重要的作用。里贝罗（Ribeiro，2011）等对交互网络中的技术知识扩散进行模拟，具有连接机制的 HUB 节点被称作知识流动网络中看门人。威特（Cuauhcihuatl Vital，2009）通过计算机仿真模拟看门人在社会网络中对知识流动的影响。看门人数量的不断变化，网络的知识流动指标发生明显的变化。冯锋等（2007）利用"小世界"网络模型考察了产业集群内成员之间的知识转移，研究发现集群成员之间的"距离"极大地影响了知识转移频率，成员之间建立的知识转移关系（即连接边数）直接决定了集群的集聚程度。唐方成等（Fangcheng Tang，2008）通过仿真模拟得出组织网络规模越大并且该网络所具有的临近节点数量越多，改变知识转移状态的节点比例就越高。从动态的视角下，分析虚拟知识组织网络知识转移的动态机制，研究发现随着虚拟组织数量的增加，跨组织边界的知识流动将变得更为复杂，而当"代理人"均匀分布在组织网络中时，遍布整个虚拟组织网络中知识扩散的程度将最大（Seung Kyoon Shin et al.，2014）。张志勇（2007）利用系统仿真方法，模拟转移模型的网络结构特征参数对网络隐性知识产生的影响。该研究在理论上全面地、系统地考察了团队网络的规模、网络的联结强度、网络的稳定性等网络结构特征对网络隐性知识产生的影响，深入剖析了群体网络中知识转移的过程和结点的知识转移模式。在实践中，能指导企业管好用好研发人员（看门人），通过研发人员（看门人）有效地进行隐性知识转移和共享。

3.3　看门人社会网络知识流动仿真

3.3.1　基于现实背景下的研究假设

在现实的社会网络中，通常存在一类具有特殊行为的人，他们通过拥有大量和重要交互次数而支配着网络。在网络中充当桥梁和纽带的作用，从而对整个组织网络产生重要影响，这些人通常不是组织中最高的领导者，但是他们知道谁能够提供重要的信息或经验。这类行为人在网络中充当看门人角色。看门人具有转换、信任建立和隐性与显性转换的功能。看门人在全组织中扩散信息，促进组织内个人之间的连接，同时与组织外部的个人建立联系。根据克罗斯和帕克（Cross & Parker，2002）看门人领导才能、交流技能以及从外部网络中发展一个强大社团的能力是看门人重要的有效特质。看门人的这些特质辅助知识在组织网络内和网络外成功进行转移。在现实中，会存在这样的一个交互网络，如图 3 – 1 所示。在这个交互网络中，信息可以通过人们的社会纽带通达到任何一个人，而网络中的结构洞是知识流动的障碍。

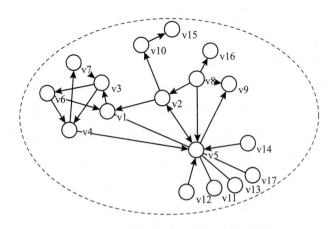

图 3 – 1　现实中的一种部分网络结构

从网络的全局视角出发，确定网络顶点的中介中心度，通过 pajek3.08 软件计算全网络的中介中心度，结算结果如表 3 - 2 所示。

表 3 - 2   节点中介中心度

节点	v1	v2	v3	v4	v5	v6	v7	v8	v10	其他节点
中介中心度	0.197	0.148	**0.235**	0.088	**0.428**	0.008	0.019	0.135	0.096	0

从表 3 - 2 中，发现星形网络中的中心顶点的中介中心度最大，相反，在星形网络中，除中心顶点以外的所有其他顶点的中介度最小，值都为 0，因为这些顶点并没有位于其他顶点之间。中介中心度的取值范围从 0.000 到 0.428。中介度等于 0 的节点，在网络中不承担中介角色。而在网络图 3 - 1 中中介中心度不等于 0 的节点在网络中所扮演的中介角色也不尽相同。

把网络图 3 - 1 进行子网划分，即对上述知识转移网络进行分区，会产生不同的子网，每个子网由一些节点组成，子网之间进行知识转移，需要特定的网络通道。在子网内部，某一些特殊的节点扮演着圈内协调人的角色。在子网之间进行知识转移时，两个子网之间就会同特殊的节点进行桥介，交换信息。此时这些特殊的节点扮演了不同的角色。通过 pajek 软件进行子网划分结果如图 3 - 2 中的边界线所区分出的 5 个子网。

网络图 3 - 1 中划分成了 5 个子网（包括 v2 节点），如果把各个子网看成是一个现实组织，那么该网络中节点 v2（组织）是链接各组织的结构洞，v2 与其他组织的连接强度，决定了组织之间知识转移的效率。v2（组织）在这个现实网络中扮演着圈外中介的角色，它不隶属于任何组织边界。那么对于 v5 节点所属的组织而言，如果删除节点 v5，那么对于 v5 所处的整个组织来说信息可能处于瘫痪状态。因此 v5 成为本组织连接外部组织的信息媒介，是信息收集和转换者。因此，通过社会网络的指标（中心度、接近中心性、中介中心度、信息中心性、密度、云集系数）能够对看门人进行识别，充当看门人角色的节点对本组织的知识流动产生重要影响。因此本书通过仿真模拟进一步分析看门人与社会网络中的知识流动机制。

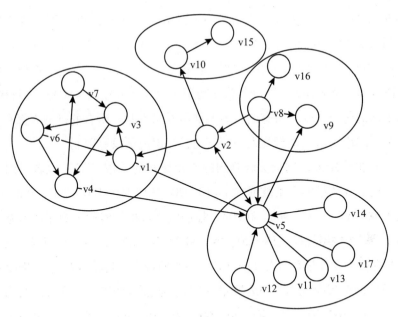

图 3 – 2　网络的子网划分

3.3.2　研究方法设计

每一次模拟开始，本书会列出一系列个体行为人（节点）在网络中互动的清单（IN = 网络中个体行为人数量），看门人的清单（g）。为了创建一个清楚的互动机制，本书允许看门人既可以与看门人交互，也可以与非看门人互动，但是非看门人不能与非看门人交互。具体地说，对于每个二元交互，随机从可用的行为人中选择两个，获得权值或交互频率。如果交互是两个看门人之间的交互，记录一次完整的交互次数。如果是两个非看门人之间的交互将不记录交互次数，重新随机选择两个新的行为人。如果是一个看门人与一个非看门人的交互，记录 50% 的交互次数。此过程将持续不断地进行，直到产生指定数量的交互，这些交互代表二元交互的次数（n = 观测的交互数量）。

本书设定三个主要变量，IN、g 和 n，规则如下。

（1）知识流动，通过看门人数量的变化进行总结。

在现实中，社会网络的结构会不断发生变化，网络中的各个节点角色也会不同，一些非看门人节点成为看门人的节点。从 1 到 IN（网络规模）改变看门人数量（例如，1、2、3、4、5、10、15、20、30、40、50、60、70、80、90、100）。通过网络规模（IN）由小变大的规律，三个网络规模（IN = 20、IN = 50、IN = 100）和两个总互动记录（n = 100，n = 500）进行模拟。根据上面的仿真规则，所有的行为人都是看门人时，所有的行为人都有平等的机会与网络内的其他行为人进行互动，知识流动没有限制。

（2）抽样结果，测量被观测到的二元交互的总数（n）。设置一组具有不同二元交互数量的人工数据（n = 10、20、30、50、100、200、300、400、500、600、700、800、900、1000），控制网络规模和看门人数量为常数。本书测试了三个网络规模（IN = 20、IN = 50 和 IN = 100），两个看门人的代表级别：所有行为人都是看门人（g = IN），一半的行为人是看门人（g = IN/2）。

（3）网络规模或总参与人数量（IN）。通过改变网络的规模或行为人的总数量（4、10、20、30、40、50、60、70、80、90、100），考虑两个交互数量值（n = 100 和 n = 500）和看门人数量（g = IN 和 g = IN/2）。

本书总计设计 110 个场景，计算并记录每一个场景运行的完整统计数据。根据上述所确定的场景，共计仿真 11100 次。仿真过程通过两个阶段完成。第一个阶段通过 Java Simulator 仿真在某种特定环境（如，看门人数量确定或者交互次数确定或者网络规模确定）下的网络中行为人的交互。在模拟之前需要通过一个文本文件（text）设定行为的清单。第二个阶段通过 R 脚本计算第一阶段中所有文件的网络指标（部分程序代码，见附录 1）。

3.3.3 研究结果

1. 看门人视角：社会网络知识流动机制

（1）交互次数 100 次的网络知识流动。

从图 3 - 3 和图 3 - 4 中可以看出，大多数被检测的指标都随着看门人（g）数量的变化而变化，提供了看门人通过和网络中的其他行为人进行自由互动而增强了网络中的知识流动。在看门人数量较少时，网络中介中心性指标变化敏感，但是随着看门人数量的不断增加，中介中心性指标变化不明显，说明网络中中介节点或结构洞节点很少，信息流通通畅，具有强关系的网络结构特征。当网络中只有一个看门人时，这是的网络信息中心集中于一个看门人节点上，因此信息中性心性最高，网络的密度和云集系数最低。当交互次数较少（n = 100）时，除中介中心性指标外，其他中心性指标与看门人数量呈现出正"U"型的曲线形状，而中介中心性在看门人较少时，随看门人变化极为明显，但随着看门人数量的不断增加，出现平缓的状态。

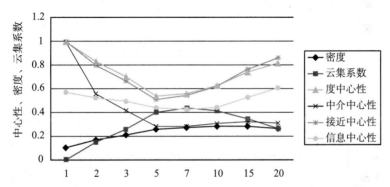

图 3 - 3　看门人数量与社会网络指标（交互 100 次，20 个群组规模）

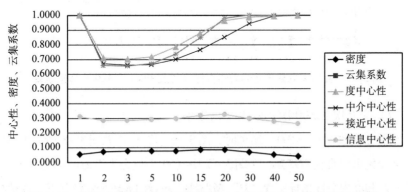

图 3 - 4　看门人数量与社会网络指标（交互 100 次，50 个群组规模）

图 3 - 3、图 3 - 4 和图 3 - 5 分别表示在不同网络规模下，交互次数较少（n = 100）时，看门人数量变化与各网络指标之间的关系。发现在较大

的网络规模（IN = 100）下，如果交互次数很少，网络中的各指标无明显变化，不管看门数量如何增加，将不会增加网络信息的流动，网络中的知识流动缓慢。当网络规模（IN = 20）相对较小时，各中心度指标（度中心度、紧密中心度、中介中心度）随看门人数量的增加而呈现"U"型曲线关系，而密度和云集系数随看门人数量的增加变化不明显。当网络规模相对较小（IN = 20）时，各指标变化较之网络规模较大时的变化敏感。同时发现，中介中心度在看门人在很少（g < 5）的情况下，随着看门人数量的增加急剧下降。这些现象说明，如果达到一定的交互次数，看门人数量的变化，能够反映出网络知识流动的机制。

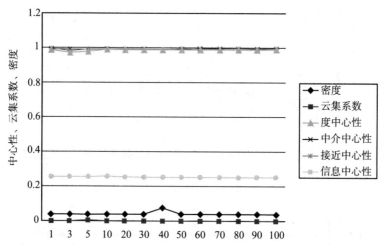

图 3 – 5　看门人数量与社会网络指标（交互 100 次，100 个群组规模）

（2）交互次数 500 次的网络知识流动。

当交互次数 n（n = 500）增加时，图 3 – 6、图 3 – 7 和图 3 – 8 所表现出的网络指标变化出现明显的差异。在图 3 – 7 中（50 个行为人组成的网络规模），接近中心性和度中心性指标呈现"U"型曲线。在看门人较少的情况下，各项中心性指标随看门人的增加而不断减少，而中介中心性指标迅速下降。当看门人数量达到一定数量后，中介中心性指标较为平缓，而其他中心性指标随之增加。在图 3 – 7 中，密度指标变化不明显，较平缓。说明网络密度对所交换的信息不会提供任何的洞察力。因为一个单纯关系数量的增加不会增加网络的整体效果。

而在图3-6（20个行为人组成的网络规模）中，度中心性和接近中心性随看门人数量的增加不断减少，而当网络中的行为人全部为看门人时，各中心性指标变为0。社会网络各项指标与看门人数量之间变化明显。值得注意的是，中介中心性指标较之其他指标在看门人较少时较之其他指标变化敏感。各项中心性指标随看门人数量的增加，不断下降直到为0。说明网络中的行为人全部是看门人时，知识流动快，信息没有集中的状态。而密度和云集系数两个指标随看门人数量的增加，而不断增加。在图3-8（100个行为人组成的网络规模）中发现，各中心性都出现了随看门人数量增加急剧下降后，又出现增加的情况。中介中心性在看门人数量较少时，无论是在大规模网络中还是在小规模网络中，中介中心指标变化都很敏感。原因在于，由于网络成员之间关系的缺乏，看门人能够为网络成员提供多样化关系。结构洞为那些不联系的成员之间提供获取信息的机会（McEvily & Zaheer, 1999）。然而，其他中心性指标（度中心性，紧密中心性）在看门人较多的情况下，表现出对信息的敏感性强于中介中心性对信息的敏感性。

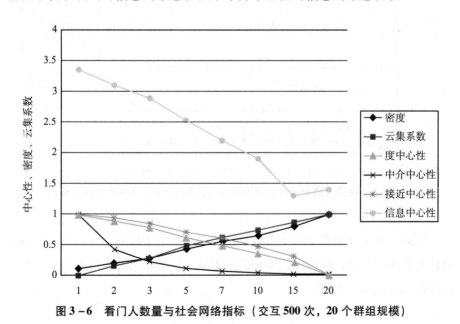

图3-6　看门人数量与社会网络指标（交互500次，20个群组规模）

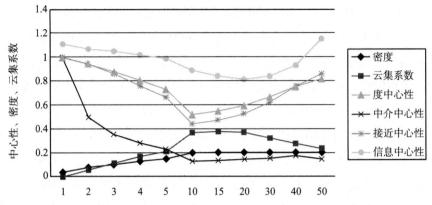

图3-7 看门人数量与社会网络指标（交互500次，50个群组规模）

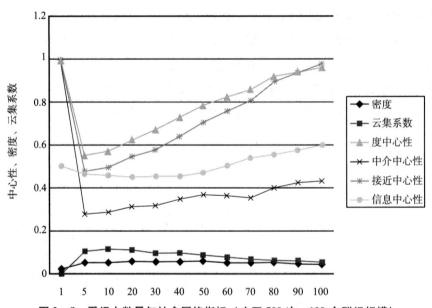

图3-8 看门人数量与社会网络指标（交互500次，100个群组规模）

因此，从上述分析结果中可以看出，如果网络中的每一个成员的平均交互次数在5~10次，网络中的知识流动明显。如果平均低于5次交互，那么网络的知识流动不通畅。

2. 取样结果

图 3-9、图 3-10、图 3-11 以及图 3-12 中所记录的交互次数影响着大多数网络指标，特别是交互次数增加时。大部分中心性指标期初随着抽样结果（交互次数）的增加并不明显（见图 3-9、图 3-10、图 3-11、图 3-12 的最左半部分），但是紧接着随着互动次数超出群组规模数量时（n 大于等于 IN），各中心性指标下降。当网络规模较小时，各中心指标随看门人数量的增加下降到一个比较稳定的状态。而密度和集群系数随着互动次数超出群组规模数量不断增加，直至达到一个稳定值状态。从图 3-9、图 3-10、图 3-11 可以看出，当交互次数较少时，各指标变化不明显，特别是中心性指标。但随着交互次数的增加中介中心性指标急速下降，接近中心性和度中心性指标下降平缓。在图 3-12 中，如果网络规模较小，看门人数量很多（全是看门人），中介中心性指标开始随交互次数的增加变化敏感，但随交互次数的不断增加，各中心性指标下降到 0。

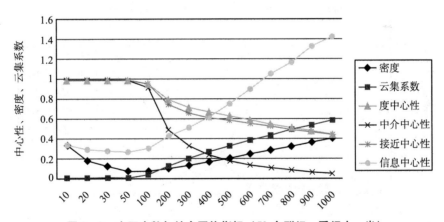

图 3-9　交互次数与社会网络指标（50 个群组，看门人一半）

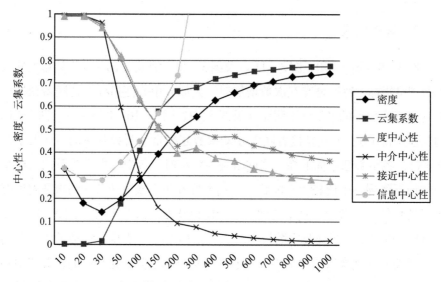

图 3－10　交互次数与社会网络指标（20 个群组，看门人一半）

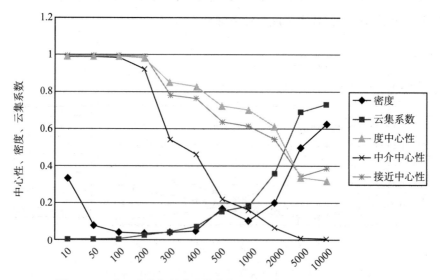

图 3－11　交互次数与社会网络指标（100 个群组，看门人一半）

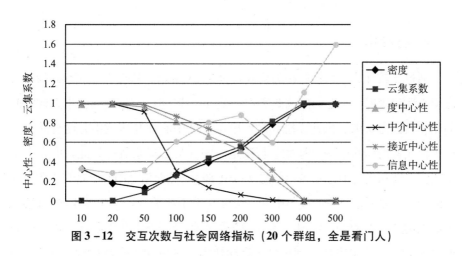

图3-12　交互次数与社会网络指标（20个群组，全是看门人）

3. 网络规模（网络中行为人数量，IN）

当不是所有的行为人都是看门人时，即，网络中的行为人不能自由互动，网络的指标更加易变（如图3-13所示）。例如，当网络中有一半的行为人是看门人（g＝IN/2）时，接近度和度中心度在20～50的组群中值的变化在0.3到0.8之间变化。密度和云集系数在1.0到0.1之间变化。中介中心度变化（10～40行为人之间）没有其他指标变化幅度明显。这些说明，当网络中不是所有的人都是看门人时，在较小的网络规模下，中介中心性对知识流动的反应不敏感，当网络规模扩大时，中介中心性对网络中的知识流动较敏感。

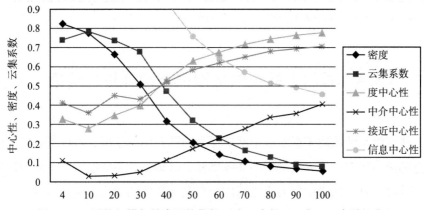

图3-13　网络规模与社会网络指标（交互次数500次，一半看门人）

4. 指标比较

通过比较计算，指标的相关系数如表 3 - 3 所示。从表 3 - 3 中可以看出，度中心性和接近中心度的值彼此紧密相关（r = 0.981），密度和云集系数之间的相关系数为 0.92，因此在研究过程中可将度中心性与接近中心度合并为一个指标或者选择其中一个指标进行测量。密度与云集系数亦如此。中介中心度通常与度和接近中心度是相似的（r = 0.86），然而信息中心度具有本质上的不同，结果表明信息中心度与中介中心度几乎不相关（r = - 0.281），与接近中心度的相关系数为 - 0.31。密度和集群系数分别与中介中心度、接近中心度负相关。从实验中抽取 110 组各指标样本，进行相关系数检验，在 5% 的置信水平下，所有大于 0.3 的相关系数都是显著的，实验数据见附表 2。

表 3 - 3　　　　　　　　　　网络指标间的 Pearson 相关性

	密度	云集系数	度中心性	中介中心性	接近中心性	信息中心性
密度	1	0.920**	- 0.864**	- 0.645**	- 0.772**	0.471**
云集系数	0.920**	1	- 0.966**	- 0.851**	- 0.908**	0.391**
度中心性	- 0.864**	- 0.966**	1	0.863**	0.981**	- 0.365**
中介中心性	- 0.645**	- 0.851**	0.863**	1	0.862**	- 0.281*
接近中心性	- 0.772**	- 0.908**	0.981**	0.862**	1	- 0.310**
信息中心性	0.471**	0.391**	- 0.365**	- 0.281*	- 0.310**	1

注：** 代表在 5% 的显著性水平下显著，N = 110。

3.4　看门人社会网络知识流动分析与结论

研究结果证明用来揭示复杂网络行为的社会网络指标，可以刻画网络中信息的流动机制。研究发现中心性各指标、云集系数和密度可以有效地适用于观察许多社会网络中行为人之间进行交互所产生的知识流动。而且本书发现每一个行为人互动次数超过 10 次以上，网络评价指标统计达到一个稳定的状态。当网络中的行为人有规律地移进或移出网络时，网络评价指标的变化除反映出网络规模不同之外，并没有明显地反映出网络中知识流动机制的变化。维塔尔和马丁斯（Vital & Martins，2007）的研究探寻抽样结果和组群规模对评价指标的影响，产生模拟数据验证了该结论。

仿真结果发现，中介中心性是一个最好的中心性指标，用于测量看门人在网络中的存在性。弗里曼（1979）就已经证明中介中心性比接近中心性和度中心性能更好地识别在社会群组中重要的个体行为人，因为这些人传递着最具独一无二的信息。然而，接近中心性对于随机误差的干扰比中介中心性更加稳健（Bolland，1988）。在本书中，中介中心性主要能够有效地区别具有较少看门人的群组与较多看门人群组之间细微的差别，然而，其他指标能够更好区别具有更多看门人的群组之间的差别。

指标值之间的相似性可以对不同行为情况作出评价，测量指标适当的结合可以提供任何一个单一社会群组的最好描述。尤其是除中介中心性之外，也应该从下面的指标中选择一个以上的指标：（1）接近中心性或中心性；（2）密度或集群系数；（3）信息中心性。这些指标的结合能够刻画一个社会网络机制的完整画面。最近很多的文献也利用这些指标研究动物的社会网络机制。例如，克罗夫特（Croft et al.，2005）用云集系数和平均度研究金鱼的社会网络。考斯特百德等（Costenbader et al.，2003）研究在刷尾负鼠（brush tailed possum，别名"毛尾的小狐"）的疾病传播中，使用接近中心性和中介中心性作为与信息中心性相类似的指标研究疾病传染的机制。

社会网络的评价指标和看门人角色忽略和模糊了很多重要性的细节。个体行为人在社会群组中角色的变化可能会随着年龄（Seid & Traniello，2006）、学问（Katsnelson et al.，2007）、身份以及经验（Mathot & Giraldeau，2008）等细节因素而改变。这些未探测的细节将是未来研究的方向。

仿真研究结果为未来的研究提供了一些实践性的指导，为研究信息在社会网络中的流动提供了建设性的建议。第一，确认了中心性、密度和集群系数随看门人的数量的变化而变化的机制，即使把这些统计指标应用在相对小的群体中或更为小的群体中，这些指标也能更好地衡量网络中的知识流动机制。第二，社会网络的评价指标更多地依赖于抽样的范围，即所记录的观测数量。一旦一个网络中的个体都能被足够的抽样到（至少 10 次的交互），那么大多数指标会达到一个相对稳定的值。第三，网络指标不会随着网络的规模（行为人总数，IN）变化而变得敏感。本书研究结果证实，即便是较小的网络规模，社会网络各指标也可以用来揭示复杂社会行为。最后，研究结果发现了指标之间大量的相似性，指导研究者在实践中通过指标的结合对于分析社会网络问题是最有用的。进一步地研究需要证明指标的综合对于社会机制的其他方面是否有用。

第 4 章

看门人视角下跨国公司知识转移绩效 影响因素的理论模型与假设

4.1 跨国公司知识转移绩效影响因素的概念模型

本章依据文献综述部分和看门人视角下社会网络知识流动的仿真实验结果，从社会网络的角度出发确立了跨国公司知识转移绩效的影响因素，并进一步分析知识来源、看门人社会网络及其角色对跨国公司知识转移绩效影响所包含的具体研究问题。本章围绕这些具体研究问题展开论证。

（1）看门人在知识转移中的角色。

（2）看门人社会网络、知识来源对跨国公司知识转移绩效的影响。

（3）看门人角色在看门人社会网络、知识来源对跨国公司知识转移绩效影响中的作用。

以上这三个命题紧密相关，构成了研究看门人视角下跨国公司知识转移绩效影响的机制。

看门人知识转移业务过程涉及个人、组织和网络。哈根顿（Hargadon，2002）强调了看门人作为知识中介在分散的环境中出现的作用，分散的环境会导致在学习上的差异性。随着时间的推移，学习促成了认知上的差异，在此基础之上，参与社团实践的人们形成在社团中独特的身份、语言和认知。这一过程创造了团体之间的边界，阻碍了知识跨边界的自由流动。在此情境下，看门人的出现对于知识的转换是非常有益的。跨国公司作为分布在不同地理位置上的组织，知识转移不仅跨边界，而且跨国界、跨文化。不同的跨国公司由于所处的东道国环境不同，形成了不同的思维方式和态度，这些都为看门人业务的产生创造了条件，看门人通过跨组织边界促进知识转移。

通过文献的回顾与梳理，本书基于汉森（Hansen，1999；结构维、关系维和认知维）的社会资本维度构建看门人视角下跨国公司知识转移绩效影响因素的理论模型，如图4-1所示。

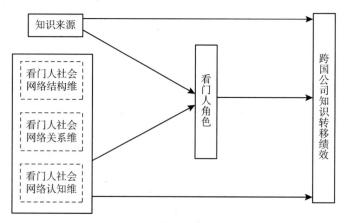

图4-1 跨国公司知识转移绩效影响因素的理论模型

4.2 知识来源对跨国公司知识转移绩效
影响的研究假设

弗罗斯特（Frost，2001）认为跨国公司知识来源于不同的知识源（knowledge sources），从焦点跨国公司子公司的视角出发，知识可来源于跨国公司内部。例如，内部顾客、供应商或者R&D业务单元。与此同时，跨国公司子公司知识也可来源于跨国公司外部知识源。例如，公司可以通过与外部合作伙伴之间的互动获得知识，例如，东道国顾客或供应商（Dyer & Nobeoka，2000），科研机构、大学、产业集群（Porter，1990）。福斯（Foss，2000；Foss，2001）也将跨国公司知识来源分为外部知识来源和内部知识来源。科古特（Kogut，2000）认为没有任何一种知识是完全来源于组织内部的。跨国公司子公司的知识基础一方面从其他跨国公司业务单元转移进来，另一方面主要基于外部知识输入。福斯（Foss，2001）认为外部知识主要来源于网络基础知识（network-based knowledge）和集群基础知识（cluster-based knowledge）。网络基础知识主要从与专业外部团体或合作伙伴之间的长期互动中获得，这些团体或合作伙伴主要是顾客、供应商等（Ford，1990）。戴尔和延冈（Dyer & Nobeoka，2000）测试丰田（Toyota）的产品网络发现，丰田的创造、管理能力的提高得益于网络知识流动。与网络知识相对应的集群基础知识在某种程度上不是一种与专业团体长期互动的结果。相反，集群基础知识大部分依赖于教育机构、当地科研机构的知识注入。

假如一个焦点跨国公司子公司所拥有的知识存量（knowledge stock）或者来源于跨国公司外部，或者来源于焦点子公司内部，抑或是内外部知识的结合。例如，内外部知识的结合可以是从东道国技术型大学获得的外部知识与位于不同国家的跨国公司其他子公司或总部的 R&D 实验知识的结合。这些内外部知识的碰撞和结合会使跨国公司产生更多的新想法和新思维。但是，由于多种经济因素和认知因素的影响，知识转移是有成本的（Mcfadyen & Cannelia），受到很多因素的限制。比如，吸收能力的缺乏（Lane & Lubatkin，1998）、知识转移主体之间的不信任（Katz & Allen，1982）、知识发送方的转移知识能力（Martin & Salomon，2003）、转移知识低一致性（Schulz，2003）等，这些因素都会使知识转移成本增加。由于知识转移首先在个人层面发生，个人知识转移角色的发挥同样受到知识来源的影响，个人所接收到的知识与本身的知识存量的碰撞和结合，同样会使其产生新的想法和新思路。看门人在东道国网络中获取知识时，知识的一致性和知识的异质性会影响看门人知识转移角色的发挥。因此，本书将从知识来源的知识一致性和异质性出发，探讨知识来源对看门人角色以及对跨国公司知识转移绩效的影响。

基于上述分析，本书所探讨的跨国公司知识来源主要从两个方面出发，一方面知识来源于跨国公司外部网络（东道国网络），另一方面知识来源于跨国公司内部网络。来源于跨国公司外部网络的知识具有异质性特性，而来源于跨国公司内部网络知识具有一致性特性。因此，后面的分析中，本书将外部网络知识异质性简称为知识异质性，而内部网络知识一致性简称为知识一致性。

4.2.1 知识异质性对跨国公司知识转移绩效影响

知识异质性具有与知识、技能和能力相关的个体特征（如职能、任期、学历等）的异质性（Jehn，Northcraft & Neale，1999）。在知识的创造过程中，参与知识创造的行为人需要将以前互不相关的知识或事物整合为新知识或新事物，或根据某个研究领域的观点或看法，并使其应用于另外一个不相关或完全不同的领域或情境（Amabile，1996）之中，产生不同的观点或看法。

外部知识具有异质性特性。研究表明，独特的知识可能在公司知识结构的边缘（Foss，2013）。相关研究表明外部知识对跨国公司的知识转移绩效具有较高的价值。例如，跨国公司可以利用企业间技术知识的溢出效应，这些技术知识通过国外子公司获得，或者从复杂的客户获得，或者从竞争对手中获得。这些外部知识不同于跨国公司其他业务单元的知识。跨国公司从东道国网络中获取知识，因为地理相邻有利于知识的溢出效应（Jaffe et. al，1993）。而跨国公司的其他业务单元的潜在接收者位于地理分散的其他地方，它们不能直接接触焦点子公司的知识环境，从而所获取的外部知识与跨国公司存量知识具有高度的异质性。企业外部知识的获得是被具有承载着知识多样性的外部网络所决定（Sui-Hua Yu，2013）。不同的企业具有不同的资源和能力，与以前毫无关联的企业之间建立联系有助于整合多样化知识或非重叠的技术知识。换一句话说，具有多样化关系的企业能够获得多样化知识。因此网络知识的多样性越高，企业获得丰富技术信息和资源就越多，所接收到的新信息与公司内部的知识进行碰撞和结合增加产生新想法和新方法的机会。当一个企业通过合作关系获得技术知识时，企业通过潜在有用元素与不同的元素结合，增强潜在的知识创造。然而，当公司获得的技术知识与它们本身所拥有的技术知识相似时，仅仅通过一次重新整合也会产生创新。相比之下，如果一个企业获得多样化和不重复的知识，知识元素之间新的结合，对于现存问题的解决会产生新的解决方案。因此，企业可以通过新知识组合和创造产生新的创新机会。

虽然网络知识的多样性有助于增强合作创新绩效。然而，搜索一种新知识或不熟悉的知识会花费时间、资源并且伴随着许多不确定性的因素。桑普森（Sampson，2004）认为多样性会导致更高的解决问题和重新谈判的成本，特别是，由于企业对于不熟悉知识和认知能力的精力有限，随着技术能力之间差距的不断增长，它们理解这种技术能力的使用性就会降低。这些都会影响吸收和整合知识的整体能力。此外，处理高度多样化的知识会导致信息过载、不确定性和规模不经济。因此，增加网络技术的多样性会增加这些知识的使用和吸收成本。

外部网络知识的多样性对公司创新绩效的影响呈现倒"U"型关系（Sui-Hua Yu，2013），这一结果与麦克费登（Mcfadyen，2004）从个人层面的研究结果类似。麦克费登（Mcfadyen，2004）认为出现这以结果的原因是在知识转移的过程中，人们通常对特定问题寻找答案，或者寻找他们认为需要的特定信息。同一合作伙伴相互交流彼此度过一段时间，他们的关系就会加强。由于合作伙伴会达成共识、形成习惯、彼此信任，发展成为能够促进他们顺利交流的语言和经验基础。随着时间的推移，这种关系可能会"汇聚"，因为合作伙伴之间的共识、习惯、语言和经历会变得非常的相似。尽管"汇聚"会增加转换的效率，但通过"汇聚"所隐含的一直心态会减少对新知识创造有重要作用的多样化意见和视角。

总之，跨国公司处在东道国网络之中，网络技术多样性的增加有助于跨国公司获得更多的新知识，并为跨国公司提供更多的机会去发现新的知识组合，提高整体的知识转移绩效。然而，过度的多样性会降低跨国公司处理和利用这些知识的能力，降低知识吸收的相关费用会远大于获取新知识的好处，负向影响超过了转移绩效。因此，本书的研究提出知识异质性（多样性）与跨国公司知识转移绩效之间呈现倒"U"型的曲线关系。

H_1：知识异质性（多样性）与跨国公司知识转移绩效之间呈倒"U"型曲线的关系。

4.2.2　知识一致性对跨国公司知识转移绩效影响

福斯（Foss，2013）认为，对于接收者来说所接收的知识除了具有经济实用性以外，与接收方知识存量应该具有认知的一致性，即，知识接收方知识存量与发送方所发送知识之间的认知契合（cognitive fit）。知识一致性的重要因素是所接收到的知识与现存知识的结合程度。如果跨国公司所接收到的知识具有相当一致性，因为两个转移主体之间以前可能接收到从同一知识源发送的知识，从而有基础建立知识共享平台。然而，如果接收单元所接受到的知识与现存知识存量的一致性相差很远，组织的员工不可能直接观测到所接收到的知识价值、可替代性等（Yang et al.，2008），因为转移主体之间情景存在差异。换句话说，相对于接收单位来说，接收单位不可能一直具有快速吸收和迅速利用外部知识的能力（Cohen & Levinthal，1990；Lane & Lubatkin，1998）。因此，即使知识到达了接收单位，此时的知识可能处于休眠或未被开发利用的状态，不能立即转化为商业价值。同样，该接收单元所接收知识的一致性影响知识转移成本。格朗（Grant，1996）认为知识交换主体之间专业知识的共同性程度决定了知识整合的效果。狄克逊（Dixon，2000）认为，随着知识发送方与知识接收方知识一致性的增加，知识转移的成功率将会增加。肖志雄（2014）以业务外包企业为例，分析知识一致性与知识吸收能力之间的关系时发现，知识深度一致性与知识吸收能力呈正相关关系。阿努帕玛·苯等（Anupama Phene, Anoop Madhok & Kun Liu, 2005）认为跨国公司内部知识转移比外部模仿发生的速度快。在知识转移过程中，知识的一致性对知识转移产生了积极的影响。

然而，企业间知识的一致性与知识流动水平呈现倒"U"型的曲线关系（Song, 2003）。如果知识接收方和发送方之间的知识具有较高的重叠，意味着转移知识的多样化程度降低（Reagans & McEvily, 2003），虽然转移主体之间具有一定数量相同的知识，很少需要编纂，所转移的知识很容易被识别和理解、减少误解，但转移知识的高冗余性增加了接收方过滤冗余知识的成本以及转移过程中的成本。相反，如果所接收的知识与接收单元的知识很少重叠，接收单位可以从这些知识中受益，即使在吸收和利用所接收到的非冗余知识中会花费转换成本，但非冗余性知识所带来的收益将远远大于所花费的成本。较少的重叠意味着编码和解码这些知识会需要更多的努力，需要更多的面对面交流，但更多面对面交流会产生新想法或新思维（Nonaka & Takeuchi, 1995）。因此本书认为：

H_2：知识的一致性调节知识多样性对跨国公司知识转移绩效的影响。知识的高度一致性抑制知识多样性对跨国公司知识转移绩效的影响。

4.3　看门人社会网络对跨国公司知识转移绩效影响的研究假设

研究表明，社会网络创造了社会资本，而社会资本是社会网络的分析工具。社会资本在社会科学研究领域已经受到了极大的关注。根据哈皮特和戈沙尔（Nahapiet & Ghosha, 1998）定义，"社会资本是一种人际关系，也是嵌入在这些关系中的各种资源"。社会资本直接影响知识创造过程中知识的交换和融合，同时社会资本也提供了相对容易访问网络资源的机会。学者们在不同的研究领域，从不同的视角出发，对社会资本的研究提出了很多的方法。阿德勒和诺恩（Adler & Kwon, 2002）将社会资本不同研究方法划分为社会资本的"黏性学派（'bonding' school）"和社会资本的"桥介学派（'bridging' school）"。黏性社会资本属于同一社会群体，强调把个人联系到一起的社会关系（Coleman，1988）。桥介社会资本是连接断裂的关系，例如，提供跨不同社会群体的连接关系（Burt，1992；Granovetter，1973）。换句话说，黏性社会资本关注于群体内部关系，而桥介社会资本关注于群体间的关系。桥介社会资本概念是波特（Burt 1992，1997）结合格兰诺维特（Granovetter，1973）的弱关系强度与哈皮特和戈沙尔（1998）的三维框架（结构维、关系维、认知维）的基础上提出的。波特（1992）认为在互不联系的行为者之间存在着结构洞（structural holes），连接关系提供了接触和访问信息的机会。本书研究对社会资本的研究文献进行梳理时发现，大多数学者基于哈皮特和戈沙尔（1998）的社会资本三个维度（结构维度、关系维度和认知维度）出发，研究社会资本各维度对知识转移的影响。本书研究将哈皮特和戈沙尔（1998）社会资本的分析框架应用到看门人社会网络之中，而且特别关注看门人的跨边界知识共享。看门人关系被概念化为跨国公司在东道国合作伙伴之间提供跨边界联系的桥梁，跨国公司通过看门人关系进行跨国界、跨文化的知识流动（Kostova & Roth，2003）。

4.3.1 看门人社会网络结构维对跨国公司知识转移绩效的影响

1. 关系强度

社会网络中个体行为人之间的互动，能够使其访问和利用嵌入在网络中的关系资源（Nahapiet & Ghoshal，1998）。由于显性知识是可以编纂的，在没有频繁的交互情况下，它也很容易在人与人之间相互传递。相反，知识的创造更多地依赖于隐性知识的联合和共享。在知识传递的过程中，人们通常对特定问题寻找答案，或者寻找他们认为需要的特定信息。在知识创造的过程中，信息交换频繁发生，因为交互方不能清楚地表达他们所需要的特定知识。这种交互要求非常直接的互动。实际上，新知识就在研究合作伙伴的直接互动中产生的（Mcfadyen，Cannelia，2004）。交互合作维度包含在组织内部的信任关系和不同业务单元之间的交流。组织通过创建合作气氛支持知识的有效使用，改善个人与他们同事之间彼此交流的意愿和分享知识（Chen & Huang，2007）。看门人作为组织中的成员，组织的互动合作必然会影响看门人对知识的分享意愿（Jaw & Liu，2003）。子公司之间开发和分享知识的互动过程时发现，随着互动的增强知识传播渠道变得越丰富和越密集（Gupta & Govindrajan，2000）。组织内部业务单元之间紧密和频繁的互动将会促进知识及时的整合（Szulanski，1996）。其实早在 1994 年巴特利特，科芮恩和兰斯基（Ghoshal，Korine & Szulanski）在调查子公司与总部，子公司之间的交流时就已经发现，个体之间关系的发展对公司与总部以及子公司之间的交互频率产生重要影响。然而，阿努帕玛·苯等（Anupama Phene et al.，2005）研究发现跨国公司内部知识转移过程中，交互强度对知识转移速度不产生影响。在差异化的跨国公司网络中，在组织内部的层面上主要关注于知识的开发。参与本地商业网络的子公司被看作跨国公司知识发展的引擎（Holm et al.，2005）。玛利亚和卡特琳娜（Maria，Katarina，2008）认为处在本地网络中心的跨国公司卓越中心（centre of excellence）是知识共享的关键阶段。

　　个体行为人与合作伙伴的互动能够增强跨国公司隐性知识转移（Inkpen & Dinur，1998）认为。在跨国公司社会网络中，行为人（看门人）与维持社会网络关系中互动的频次是行为人（看门人）所投入时间和精力的重要指标（Boissevain，1974）。随着看门人与东道国合作伙伴交流的稳定及时间的延长，关系就会进一步加深。在一起的时间导致合作伙伴之间的行为模式和情感动机的趋同。在看门人持久的关系网络中，交互方更愿意交换信息和技能，而且比没有发展成长期关系的合作伙伴更有效率地交换信息。跨国公司外派人员（看门人）与东道国当地朋友联系的频率越高，则更有利于外派人员工作的适应，从而有利于外派人员提高工作绩效（Black，1991）。因此，看门人在东道国网络的关系强度能够更有效率地交换信息和共享经验。因此，本书认为：

H_3：看门人社会网络的关系强度对跨国公司知识转移绩效具有正向影响。

2. 中心位置

在组织之间的层面上，网络中心性（中心位置）能够促使中心业务单元获得访问和控制可选择的知识资源，从而获得系统性的权力和政治支持。从资源依赖性的角度看，位于中心位置的业务单元通过创建不对称的资源依赖关系，具有更大的权力访问、控制潜在的相关资源。一方面，中心单位通过所具有的隐瞒，披露和修改信息的权力而为他人创建依赖关系。中心单元影响其他外部单位的属性和对环境的共同看法。处在网络中心位置的成员扮演着与其他网络成员的联结角色，因此，中心位置的成员会受到其他业务单元的更多支持（Wellman，1982）。看门人的网络中心优势能为其带来更多的与其他合作伙伴结盟的机会，看门人作为网络中资源和知识流动的中介者，有更多机会整合其他网络成员所提供的知识和技术（Allen，1977）。泰森（Tasi，2001）基于对24家石化企业和36家食品生产企业的调研数据，发现处在网络中心位置的业务单元对组织创新产生正向影响。由于网络节点之间相互竞争，因此处在网络中心位置高的节点要想不断地获取知识和保持控制优势，中心节点就必须保持并表现出在网络中的声望和位置优势。朱亚丽（2008）通过对中国通信电源行业中126家企业进行问卷调查以及数据分析，发现知识转移双方企业的网络中心性均会对企业间知识转移效果产生正向影响。周密、赵西萍、司训练（2009）通过实证研究验证个人网络中心性对团队内知识转移的成效以及个人团队内的网络信任均具有促进作用。

本书研究认为，跨国公司看门人的外部网络中心位置本身是对节点控制、获取资源能力的衡量，对处在跨国公司东道国本地网络内的看门人而言，网络中心位置为看门人带来更多的能力和资源，因而看门人能够搜索所需要的知识。另外，由于看门人具有与其他合作伙伴更多的交流机会，不断地积累合作经验，扩大知识视野。看门人在东道国网络中所具有的特定位置是促进跨国公司发展的资源基础（Johanson & Mattsson，1987）。看门人在东道国网络中所占据中心位置为其带来信息优势和利益获取。因此，本书提出如下假设：

H₄：看门人社会网络中心位置正向影响跨国公司知识转移绩效。

3. 网络密度

网络密度指在网络中现有的二元关系与所有潜在关系的比例（Kenis & Knoke，2002）。这一定义描述了看门人社会网络中的网络密度。例如，如果看门人社会网络中所有成员之间都是相互有联系的，那么社会网络密度就高；反之，如果看门人社会网络成员只与看门人有联系，其他非看门人成员之间互不联系，那么网络密度低。因此，密度是业务单元所用的直接关系的数量。

在组织的外部网络中，具有大量关系的密集网络对知识转移起到积极作用（Williams，2005）。知识流动的大量通道优化了知识转移的速度（Dyer & Nobeoka，2000）。因此，从转移信息的时间要求和交流过程中的理解上看，密集网络通过最短路径减少这些信息在时间和转换上的损失（Kenis & Knoke，2002），尤其是在面对技术的不确定性和变化时，具有冗余关系的密集网络是业务单元通过已分配的资源来维持与外部合作伙伴之间的关系。如果看门人处在一个高密度的社会网络之中，看门人之间、看门人与非看门人之间的沟通、协调以及信息的流动将更加容易。此时，看门人所面临的不确定性和压力会得到缓解，而是感觉到自己已经在东道国环境中创建了个人的社会网络，进而对其工作绩效的提高产生积极的作用。

承认了具有冗余关系的密集网络的优点的同时，不得不考虑密集网络的负面效应。这些负面效应的存在可能已经超出了密集网络的正面效应。从信息的角度出发，组织之间密集的网络会盲目地驱动大量信息和知识的获取，这些信息或知识可能是重复的、过时的。巴和嘉吉罗（Bae & Gargiulo，2004）认为组织之间密集的关系与组织在联盟网络中所获得利益负相关。信息的多样性在探索性学习中是非常重要的，在这种情景下，密集网络中的集中控制和协调压力是不必要的。在获取多样性知识的过程中，桥介网络关系的结构洞是最有优越性的（Ahuja，2000b；McEvily & Zaheer，1999）。桥介关系是连接两个业务单元唯一的路径。在结构洞的另一边传播着不同的信息流。跨越结构洞，业务单元能够获得更广泛的、独一无二的、非重叠的信息资源。如果看门人所组建的网络是一种稀疏的网络，看门人在网络中起到桥介的作用，而通过看门人所获的信息也是更广泛的、独一无二的、非重叠的信息。这些多样性的信息对于看门人所在组织而言将是更具价值的信息。这些信息的价值会超出看门人维持网络关系所付出的成本。因此，本书认为：

H$_5$：看门人社会网络密度对跨国公司知识转移绩效产生负向影响。

4. 中介中心性

在社会网络中，具有高中介中心性的节点更容易成为交互双方的桥梁。中介中心性指标反映网络中行为主体之间直接联系的程度。社会网络中并非所有行为主体之间都具有强关系，一些行为主体之间的联系要借助于第三方，或者第四方才能联系起来。根据波特（1992）的结构洞理论，如果两两节点之间必须借助于某一节点进行联系时，处于二者连接状态的第三方就拥有了两种优势，即信息优势与控制优势。处在结构洞上的节点拥有较高的中介中心性，能够获得来自于多方面的多样化信息，使得该节点成为网络中信息与知识的集散中心，因而具有信息优势。处在结构洞的节点连接之间未曾联系的两节点，因此拥有调和不能进行直接联系的两节点的独特优势，并决定信息的流动方向，形成控制优势。当网络中存在着较多的中间人或纽带时，说明网络中介中心性高，反之，则说明中介中心性低。

弗里曼（1979）认为中介中心性比接近中心性和度中心性能更好地识别在社会网络中重要的个体行为人，因为这些人传递着最具独一无二的信息。通过第3章的模拟结论可以发现，在看门人社会网络中，中介中心性与其他中心性指标相比，在看门人较少的网络中所反映出的网络知识流动是敏感的。因此中介中心性具有更好的衡量较少看门人网络知识流动的机制。阿里雷札等（Alireza Abbasi，Liaquat Hossain & Loet Leydesdorff，2011）认为具有高中介中心性的节点扮演着与其他节点相连的中介或看门人角色。因为，这些具有高中介中心性的节点能够控制网络中的知识流动。由于其他节点对高中介中心性节点的依赖，其他节点认为高中介中心性节点是一种权力的象征，并且不断影响在网络或组织中的其他行为人（Krackhardt，2010）。雷蒙德（Raymond van Wijk，2008）通过对组织间和组织内知识转移影响因素的元分析，发现组织内的网络中心性对知识转移的作用低于组织之间的网络中心性。看门人在东道国网络的中介中心性意味着，看门人能够获得多样化的网络信息。因此本书认为：

H_6：看门人社会网络的中介中心性对跨国公司知识转移绩效产生正向影响。

4.3.2　看门人社会网络关系维对跨国公司知识转移绩效的影响

在社会网络关系维度中，信任维度是社会网络关系维的重要指标。信任是组织团队成员间互动合作的前因（Gambetta，1988）。信任是一种期望，能够减轻知识交换双方的恐惧心理（Bradach & Eccles，1989）。当交互双方开始彼此信任时，他们不必担心被对方利用而更加愿意分享他们的资源。因此当彼此双方存在信任时，意味着资源的结合和交换的合作行为就会出现。团队成员自觉的意愿和积极履行的职责是发展信赖关系的重要基础。在没有正式控制和协调机制的环境下，信任被认为克服团队成员地理和组织距离心理负担的"心脏"。随着网络内部信任关系的发展，个体行为人所建立的可信程度的声誉会成为网络内部其他行为人的重要信息。因此，在网络中期待与一个更加值得信任的行为人交换信息变得更加的合乎常理。泰森（Tsai，1998）认为信任正向影响跨国公司内部各业务单元之间资源交换和结合，越值得信任的行为人，就越能够和更多的其他行为人进行信息交换。不同学者基于不同情景研究信任对知识转移的影响。在大学与产业知识转移的情景下，通过相互理解所构建的信任关系对知识转移产生正向影响（Johnston et al.，2010）；在买卖双方知识转移的情景下，本能信任、善意信任、诚信、企业之间信任、买卖双方合作以及企业之间的社会化也会产生知识转移（Squire, Cousins & Brown, 2009）。在跨国公司情景下，组织业务单元之间的信任关系以及对长期合作关系的期望对知识转移产生正向影响（Faems, Janssens & van Looy, 2007）。

因此，本书认为，看门人在网络的可信赖程度对于网络信息的交换起到重要的作用。网络成员之间的互动合作是建立在信任基础之上的。合作关系的建立能够维持组织内部各业务单元间相互的利益、承诺以及知识转移绩效。因此，信任能确保看门人与其他行为人之间的关系建立，从而培养看门人的知识转移活动。网络的信任关系能够促进看门人的知识扩散及转移角色，进而影响跨国公司层面的知识转移绩效。因此，本书认为：

H_7：看门人社会网络的信任关系对跨国公司知识转移产生正向影响。

4.3.3　看门人社会网络认知维对跨国公司知识转移绩效的影响

看门人社会网络的认知维度中，本书研究重点考虑文化差异性对跨国公司知识转移绩效的影响。一些研究者从实证方面已经证明文化差异性对知识的共享产生影响。例如，斯文和郑（Sven & Zheng, 2005）基于西门子的"ShareNet"知识共享的案例发现，中国雇员比美国雇员更愿意将知识转移给其他人，即文化的差异性维度会对知识共享活动产生影响；同样地，费斯通和斯雷曼（Finestone & Snyman, 2005）基于南非企业知识管理实践活动的案例发现，文化的差异性对知识共享起到了阻碍的作用，费斯通和斯雷曼（2005）指出应该在接受文化差异的基础上，培养一种互信的文化以克服多元文化知识共享的障碍。一度和彼得（Zhiyi & Peter, 2007）研究得出，当规模经济压力高但是当地文化响应的压力低时，可以对国际知识进行标准化管理；当规模经济压力低、当地文化响应的压力高时，可以对国际知识进行适应性调整。近年来，文化差异影响跨国公司内部知识转移的研究不断增加。斯乐基米和奇尼（Schlegelmilch & Chini, 2003）认为公司内部知识转移与文化距离之间成负相关关系。徐笑君（2009，2010）分别对美资企业和德资企业进行实证研究发现，不同维度的跨国文化差异会减弱知识传播动力对知识转移效果的正向影响作用。

　　跨国公司处在具有文化特质的本地网络之中，文化差异影响跨国公司不同行为人在东道国网络中的知识转移绩效。看门人作为跨国公司知识转移的促进者，外部网络的文化差异影响跨国公司知识转移绩效。如果看门人所处的网络文化差异性较大，看门人由于不具备当地文化智力（Ang & Van Dyne，2008）而使其在跨文化交流中产生恐惧和不确定性，致使看门人很难做出文化判断。因此，本书认为：

　　H_8：看门人社会网络的文化差异对跨国公司知识转移绩效产生负向影响。

4.4　看门人角色对跨国公司知识转移绩效影响的研究假设

　　建立联系是知识转移的有效部分。福丁（Fortin，2009）认为通过看门人的参与能够更好地促进双方的交流。看门人最关键的行为就是增加双方交流的机会，增强它们对知识转移的影响。看门人最有分享他们工作的想法、经验和证据，有效地转移知识，激发创新的能力。看门人作为知识转移的促进者，在某种程度上，可以认为是一个知识扳手，知识扳手主要在不同跨国公司业务单元中链接互不联系的个人，主要在其他姊妹公司已经建立的社会关系与所属子公司所维持的关系之间充当桥介的作用。来自于不同跨国公司的个人不断利用这些跨边界关系进一步进行跨边界转换。由于知识转移不是自动发生的，而要依靠特定的催化剂。科斯托娃和罗斯（Kostova & Roth，2003）认为作为边界扳手（看门人）的跨国公司子公司员工保持与总部员工直接的个人接触，从而连接总部与本子公司的员工。虽然看门人最初开发了这些跨部门的关系，并能从中获益，但他们也会和其他业务单元中的个人分享他们的关系，或者他们被要求，或者他们这样做还会有别的用意。通过联系两个以前从未联系的个体，跨边界关系变成了一种公共福利。一旦看门人建立了在每个业务单元的联系，并且与其他的业务单元各自分享这些联系，在这些业务单元的个人就会利用这些联系进一步跨边界进行更加广泛的交流。

外部知识网络是组成知识的重要资源。知识获取包括从不同社团或领域获得知识，为了获得知识，跨国公司的看门人们不得不进行跨边界活动，主要是了解跨边界社团的社会结构和核心活动。看门人开始获得新知识，一般是从认为可能对他们有益的组织或用户那里获取，这些组织或用户允许他们筛选或过滤与他们相关的信息。通过看门人所获取的新知识为组织未来的使用提供解决方法或思想。基于以前野中郁次郎和竹内弘高（Nonaka & Takeuchi，1995）的讨论，知识获取源可以划分为两个维度：显性知识和隐性知识。看门人通过对特定知识类型的获取采取不同的获取方式。显性的知识转移是比较容易，并且可以较容易地由看门人通过不同的工具完成：书籍、手册、工作守则、简讯、电子数据库等。当看门人从外部组织获取有价值的知识，而其中大部分由隐性知识构成时，这些知识很难获得。一个组织的知识通常情况是隐性的，嵌入在组织文化之中、社会文化之中。跨国公司位于不同的国界，组织文化具有当地东道国不同的文化特质，因此将获得的知识进行分享需要参与组织的日常互动，看门人更愿意在组织内部公开分享并与员工直接互动交流信息。

作为一个知识接受者来说，看门人必须整合新知识以便能更好地在接收者中转移。哈根顿（Hargadon，2003）认为随着看门人收集、汇总和检测最有价值的知识，看门人也就成为一个真正的知识整合者。此外，看门人在知识整合阶段的最终目标就是为知识在发送方和接收方之间的转移提供方法和工具。兰德瑞等（Landry et al.，2007）认为看门人通过信息收集、情报的综合与处理等的整合过程创造价值，以便为组织在遇到问题时提出可操作化的方法。看门人通过目标整修信息内容，目的是更好地使用知识。在这一点上，罗伊和福丁（Roy & Fortin，2009）认为看门人喜欢用一种战略的态度将研究转换成一种显而易见的语言，为使用者提供易于操作的模式。在使用不同概念或语言的交流团体之间，看门人能够减少认知距离，为决策者制定决策。

通过看门人对所获知识的整合，看门人通过调整信息和他们固有的交流方式，选择合适的知识扩散对象。海莉（Hailey, 2008）分析了看门人在健康服务组织中扩散研究成果的重要性。以此，可以说看门人可以提供和使用相关信息，并在目标组织中进行扩散，以便为决策者的决策提供依据。哈耶尔（Hajer Hammami, 2013）认为看门人利用所创建的联系获取知识、整合知识、调整知识以及扩散知识的能力对公司知识转移绩效产生正向影响。

综上所述，看门人角色（创建联系、知识获取、知识整合、知识扩散）对跨国公司知识转移绩效产生正向影响。

H_9：看门人创建联系角色对跨国公司知识转移绩效产生正向影响。

H_{10}：看门人知识获取角色对跨国公司知识转移绩效产生正向影响。

H_{11}：看门人知识整合角色对跨国公司知识转移绩效产生正向影响。

H_{12}：看门人知识扩散角色对跨国公司知识转移绩效产生正向影响。

4.5　看门人角色的中介效应假设

根据第 2 章文献综述，可以看出看门人对知识转移具有较为明显的影响。而看门人社会网络、知识来源特征对看门人角色发挥具有重要的影响。因此，看门人角色在看门人社会网络以及知识来源对知识转移绩效影响中起着一定的中介作用。

4.5.1　知识来源通过看门人角色影响跨国公司知识转移绩效

看门人在知识转移中的作用与转移双方知识的异质性和一致性有关。卡莱尔（Carlile, 2004）将知识异质性定义为集群企业之间在产品、工艺、设备相关知识基础上的差异性。知识异质性主要来源于知识本身的多样性以及知识主体的异质性。知识的异质性也称为知识的多样性，知识多样性会对知识的创造、转移、扩散、共享过程产生影响。知识异质性扩大了知识转移双方知识基础的距离（Lane & Lubatkin，1998）。即使转移双方知识具有高度的相似性，但由于知识转移主体之间知识距离（认知距离、文化距离、地理距离等）不同，在知识的理解、转移和吸收能力上也会存在较大的差异。此时，组织应该通过建立沟通的桥梁，通过看门人不断地参与其他组织活动减少"距离量"，为组织提供跨边界对话的机会，改善团队学习条件，并创造在组织内捕捉和分享知识的各种系统。因此本书研究认为，看门人存在条件的主要因素是知识的异质性和知识距离的存在。跨国公司位于不同的国界，组织文化具有当地东道国不同的文化特质，跨国公司在与东道国合作伙伴进行知识转移时存在知识的异质性和知识距离。因此获得东道国网络的知识需要看门人在组织内部公开分享并与员工直接互动交流信息。跨国公司地理位置分散，行为者之间较低的地理相似程度使他们不得不发展联系，跨国公司与东道国网络之间较低的相似程度导致获取知识和转移知识是非常困难的。个人的跨边界角色对于跨国公司不同业务单元之间的连接起到关键的作用。因此本书认为：

H_{13}：知识的异质性促进看门人的角色的发挥，进而影响跨国公司知识转移绩效。

科斯托娃和罗斯（2003）认为作为看门人的跨国公司员工保持与总部的员工直接的个人接触，从而连接总部与本公司的员工，促进本公司知识向总部进行有效转移。由于来源于跨国公司内部网络知识具有一致性，看门人对所获得的内部一致性知识的整合具有较高的工作效率，能够较快速地吸收一致性知识提高知识转移绩效。陈涛（2013）认为知识一致性会影响组织间知识的共享，知识一致性越小，组织间知识的获取、吸收和应用就越困难。因此，知识的知识一致性也是影响看门人角色发挥的主要因素。

H_{14}：知识一致性促进看门人角色的发挥，进而影响跨国公司知识转移绩效。

4.5.2　看门人社会网络结构维通过看门人角色影响跨国公司知识转移绩效

根据上述的分析，看门人在知识转移中起到关键的作用，并且通过利用他们的网络关系获得知识。看门人能够收集和理解外部信息，并且为他们的团队转换信息（Tushman & Katz，1980）。看门人具有内外部资源的结合能力是看门人的重要资产，看门人允许组织内部的其他个体从他们所拥有的外部关系中获益，并且向周围的行为者拓展本地资源（Rychen & Zimmermann，2006）。

有关看门人的研究在网络理论领域中已经有了较大的发展，这些研究解释了网络中特定个体行为人的作用，以及收集、整合和扩散知识的能力（Hargadorn，1998）。塔什曼和卡茨（Tushman & Katz，1980）分析看门人在R&D项目组内进行信息转移的作用时，将看门人看作组织内部信息的传播者，同时保持与其他组织较高的交流程度。塔什曼和卡茨（Tushman & Katz，1980）详细分析了看门人对内外部任务的影响。看门人能够成功克服和处理跨不同边界的交流障碍。在这些关键个人（看门人）的帮助下，外部信息凭借两阶段过程流入系统内部。首先，看门人收集和理解外部信息，然后将这些信息转换成团队所能理解的信息，帮助组织同事理解和消化。惠特利和弗罗斯特（Whitley & Frost，1973）与伯纳姆（Balbridge & Burnham，1975）认为看门人是外部信息资源重要的链接机制。通过看门人的跨边界网络活动信息流向本组织中的其他成员。通过这些网络活动，看门人识别外部信息、解释、吸收这些信息，并且将获得的知识转换成对他们的同事有意义的语言。为了完成这些任务，看门人具有高于其他人或者本组织平均的吸收能力。而且，他们不得不开发强大的社会资本，这些要求看门人通过一个社会网络连接集中资源。因此，把看门人看作在组织内转换和扩散知识的重要资产是显而易见的。然而，看门人社会网络能力的有效性会受到很多因素的限制，例如，个体行为人的特点、信任程度以及看门人的网络特性等。

关系强度代表了在一定时间内看门人与网络中行为人之间交互的频率，交互的频率越高，看门人与其他行为人之间的信息沟通就会越多，他们之间的关系也会变得越来越紧密，那么看门人从其社会网络成员得到的社会支持就会越多，从而有利于看门人知识转移角色的发挥。看门人和东道国当地人的频繁互动会对看门人的知识转移角色和跨国公司知识转移绩效产生正向影响，但是相较而言，与东道国当地人的交互强度的增加对看门人的知识获取、知识整合及扩散能力的影响更大。

H_{15}：关系强度促进看门人角色发挥，进而影响跨国公司知识转移绩效。

从跨国公司网络的视角，跨国公司与东道国网络合作伙伴以及与其他姊妹公司频繁的网络关系有益于跨国公司在网络中的中心位置的确定，处在中心位置上的跨国公司能够控制价值链的运作，或者能够更容易地获得东道国重要的资源。处在网络中心位置上的部门（节点）具有接触重要资源的权力，这些中心部门（节点）可以使用它们现有的关系迅速接近其他部门（节点），同时这些中心部门（节点）也是其他部门的主要信息通道。由于这些中心部门（节点）具有极高的交流活动，所以它们有能力处理网络内部节点之间复杂的关系，并且成为其他部门（节点）极具吸引力的合作伙伴。泰森（Tasi，2002）从组织内部网络的角度出发，认为组织内部网络中心性能够促进新关系的创建。伊瓦拉（Ibarra，1993）认为组织内部高网络中心性意味着高的职位等级和有价值资源的高接触程度。网络中心位置是促进个人职业生涯（Marsden & Hurlbert，1988）、职业流动（Podolny & Baron，1997）的重要因素。基于上述的分析，本书研究认为，处在看门人社会网络中心位置上看门人，能够通过这种独特优势与其他部门之间建立联系，有利于知识的扩散。因此本书认为：

H_{16}：中心位置促进看门人角色发挥，进而影响跨国公司知识转移绩效。

社会网络的异质性通常认为是网络的多样性，就看门人所在的网络而言，多样性指看门人在网络中与多种不同类型的人进行交流。这些人具有不同的文化背景、不同的性别、不同的关系等。看门人社会网络异质性的特有之处在于其文化多样性——在多大程度上看门人与东道国当地人以及来自不同国家的其他外派人员进行接触和互动。凯文和约翰（Kevin & John，2002）认为外派人员（看门人）在同一个地方居住的时间越长，就越能够促进他们开发多样化关系的社会网络，这些多样化关系网络使外派人员为跨国公司承担更多的边界角色。此外，一旦一些具有看门人角色的外派人员在东道国定居，跨国公司就会鼓励他们与很多的社会群体建立网络关系，例如，与同事、顾客、供应商以及不同文化背景的人建立网络关系。多样化的社会网络能够促进外派人员履行跨边界活动。尽管跨边界活动会引起一些负面的结果，例如，角色模糊（Black et al.，1991）。但是跨边界活动也会产生积极边界利益。凯文和约翰（2002）认为跨边界的积极影响会超过其负面影响，并且有助于外派人员和跨国公司实现其全球和本地化目标。

在组织内部隐性知识共享的活动中，由于隐性知识本身的内隐性及其对个人的高度依赖性，隐性知识共享很难顺利实现。组织中的知识，不论是显性知识还是隐性知识，都由组织中的人所掌握，在一定的制度和环境下，人与人之间进行知识共享的活动。而进行共享活动的行为人具有看门人的角色，进行知识的交流与转换。组织内部网络中的结构特点以及关系特点会对看门人角色的发挥起到重要的影响作用。沃那科等（Vernaik et al.，2005）认为组织内部网络关系能够促进个人学习过程，激发跨国公司子公司创业努力。跨国公司子公司与母公司之间的知识转换正向影响创新和绩效。而且母公司国际网络关系对于子公司组建自己的国际网络关系具有重要的作用。母公司为子公司提供重要的网络关系和较低的交换成本。

此外，由于信息处理的局限性，业务单元可能会限制看门人在当前网络中的搜索范围，这种结果反过来会导致业务单元单纯的依赖于大量相似信息和冗余信息的可能性（Levinthal & March，1993）。更重要的是，组织间网络如果越密集，网络的通信结构就会形成一种集中控制和协调的机制，这些都会给业务单元造成极大的压力。结果在合作伙伴之间所建立的共享行为预期可能会对个体的业务单元产生强烈的约束（Rowley，1997）。因此，组织的行为预期会对看门人产生强烈的约束机制，限制看门人的行为。嵌入在密集网络中的看门人被迫遵循网络中规范和惯例，以满足网络成员最低的共同需要。然而，这些规范和惯例可能不适合每一个独立个体业务单元的情况（Ingramand Baum，1997）。

因此，本书认为：

H$_{17}$：网络密度抑制看门人角色的发挥，进而影响跨国公司知识转移绩效。

网络中行为主体之间结构洞的存在能够为成员之间更可能提供非冗余性的信息（Lechner et al.，2010），网络结构洞数量的增加使可用的信息多样性也会增加（Burt，1992，Gnyawali & Madhavan，2001）。波特（1992）认为非冗余性知识来源的获得需要网络中的行为人跨越较多的结构洞，而积累了更多的社会资本。网络中行为主体的中介中心位置越高，则该行为主体在网络中的地位或优势越重要，因为处在该节点的行为主体拥有控制其他网络成员相互互动的能力。弗里曼（1979）认为处在中介中心位置上的个人可以通过控制或者曲解信息的传递而影响群体。处在结构洞位置上的成员，具有较多从不同渠道中获得隐性知识的机会，促进不同行为主体之间隐性知识的互动与交流，进而提高整个网络内部隐性知识的共享。然而，太高的中介中心性往往对网络行为主体之间的隐性知识的共享起到阻碍作用。处在网络中介中心位置的节点可能会利用所处的有利优势，结合其本身的偏好、利益或其他因素，对知识转移进行控制，不轻易把它们认为有价值的信息或知识传播出去，从而网络内部的结构洞就会出现，致使产生更多的机会成本，结构洞的存在会影响到其他成员的学习与知识共享效果。存在太多结构洞的网络会使行为主体接触很多相互冲突的差异化信息，从而致使组织协调差异化信息之间的冲突，而造成行动缓慢等缺点（Kellerms et al.，2005）。莱希纳等（Lechner et al.，2010）通过实证研究发现结构洞（中介中心性）与知识转移之间呈倒"U"型曲线关系。同样，阿费加（Ahuja，2000）也认为结构洞是一把"双刃剑"对创新产生正反效应。较多结构洞的网络，虽然能够增加企业获取异质性信息提高创新产出，但会造成机会主义行为的出现；相反，较少结构洞的网络，会促进信任的形成并减少机会主义行为的出现，从而使合作变得更为有效。

在看门人社会网络中，如果处在中介中心位置上的看门人在不具有强关系的两方行为主体之间传递信息，因此看门人所处节点的角色就充当了一个"桥"，即，一个可以激发知识传递和共享的节点。看门人在知识转移中的角色发挥与看门人在网络中的中介中心位置密切相关。看门人在跨国公司外部网络成员与内部网络成员之间建立起沟通和联系的桥梁和纽带，跨国公司内外部网络成员之间交流和联系，需借助看门人建立联系，或者看门人充当信息的获取者，将信息向本组织成员传递。如果看门人在东道国网络中处在结构洞位置上，那么看门人就会为跨国公司获得多样化的信息，进而有利于跨国公司知识转移。

H_{18}：看门人的中介中心性促进看门人知识转移角色的发挥，进而影响跨国公司知识转移绩效。

4.5.3　看门人社会网络关系维通过看门人角色影响跨国公司知识转移绩效

在网络中所形成的信任关系会对看门人及其交互双方的心理过程产生影响，信任关系的建立可以降低知识在转移过程中所遇到的风险，并提高看门人及交互伙伴之间预期的感知收益，从而激发看门人和交互伙伴知识转移的意愿（徐海波、高祥宇，2006）。如果看门人和交流伙伴之间缺乏信任，看门人不得不在获取知识的过程中验证其真实性以及适用性，而检验所产生的额外费用、时间和精力，降低知识利用效率，从而减弱跨国公司知识转移绩效的影响。然而，看门人能够有效地构建网络成员之间信任，并且搭建网络成员之间联系的桥梁共同分享知识（Rees，2007）。个人之间的信任能够使人们更加有效的分享信息。在网络内部，根据关系的特质，信任是个人关系的重要组成部分。看门人在东道国网络内部信任关系的建立能够减少看门人与其他交流伙伴的交流障碍，并且促进看门人在东道国网路内部有效地进行知识获取以及知识扩散。

H_{19}：看门人社会网络的信任促进看门人角色发挥，进而影响跨国公司知识转移绩效。

4.5.4 看门人社会网络认知维通过看门人角色影响跨国公司知识转移绩效

如果看门人所处的网络文化差异性较大，看门人由于不具备当地文化智力（Ang & Van Dyne，2008）而使其在跨文化交流中产生恐惧和不确定性，致使看门人很难做出文化判断。托马斯等（Thomas et al.，2008）认为文化的差异会使看门人在不同的文化背景下与不同人进行交流时感觉尴尬，产生压力。波特（1992）认为从相似的社会网络成员那里得到的社会支持将会显著降低个人的抑郁水平，有助于降低个人面对新环境时的压力和不确定性，从而有利于提高工作绩效。海恩斯和赫伯特（Haines & Hurlbert，1992）的研究表明文化异质性将会对个人获取社会支持产生正向影响，而对个人的抑郁水平产生负向影响，从而不利于提高工作绩效。对于跨国公司看门人来说，跨文化交流可能会伴随焦虑和不确定性，因为它们可能不具备跨文化知识或者缺乏跨文化交流的经验（Molinsky，2007）。因此，本书认为：

H_{20}：文化差异抑制看门人角色的发挥，进而影响跨国公司知识转移绩效。

4.6 看门人角色各维度之间的关系假设

看门人角色是由创建联系、知识获取、知识整合和知识扩散四个维度构成。本书认为看门人的四个维度之间存在着一定的相关关系，而不是彼此孤立的。约翰逊克和斯伯里（Johnson & Duxbury，2010）在对跨边界角色的实证研究时发现，创建联系是一项非常有价值的业务工作，在边界扳手（看门人）为实现目标不得不依赖于外部资源的情景下，关系维度变得非常突出，这一结论与布拉斯（Brass，1984）的研究结论一致。布拉斯（1984）

认为，创建联系正向影响组织内部业务活动获取资源的能力。约翰逊克和斯伯里（2010）在探索跨国公司外派人员（看门人）的跨边界 9 种角色时，发现创建联系角色贯穿于其他 8 种角色之中，而且创建联系在其他 8 种角色中的作用比重不尽相同，如表 4 - 1 所示。从表 4 - 1 可以看出创建联系在情报收集、计划，以及传递维度的比例最高，分别为 44%、40%、40%。

表 4 - 1　　　　　　　　　创建联系在各维度中的比例　　　　　　　单位：%

维度	创建联系在各维度的比例
情报收集	44
计划	40
传递	40
协调	25
信息收集	19
警卫	17
代表	15
中介人	13

资料来源：Karen L. Johnson, Linda Duxbury. The view from the field: A case study of the expatriate boundary-spanning role [J]. Journal of World Business. 2010 (45): 29 - 40.

1. 创建联系与知识获取的关系

克雷默等（Kraimer，2001）认为不同种族之间人际关系的接触频率有利于理解不同种族之间的差异，并且有利于削弱不同种族之间的冲突。就跨国公司海外经营而言，由于语言、文化以及风俗习惯的差异，看门人在获取东道国网络中的资源时会遇到各种挑战和障碍（Triandis，1994）。然而，随着看门人与东道国网络成员之间联系的创建，看门人与东道国网络成员之间的互动变得越来越频繁。通过频繁的互动看门人能够获取东道国网络中的信息及资源。这些观点与约翰逊等（2010）发现的边界扳手（看门人）创建联系角色对其他目标（其他角色）的实现起到重要作用的研究结论一致。个体行为人所获得知识资源的多样化程度与其在网络中和其他行为人之间关系的强弱程度有关。关系创建的程度的强弱决定了获取信息或资源的难易

（Cheng，2005）。因此本书认为获取信息的看门人首先关注于关系的培养，通过关系的建立与合作伙伴进行友好交流。本书提出：

假设 H_{21}：联系创建得越好，知识的获取越好。

2. 创建联系与知识整合的关系

汉森（1999）认为关系的建立代表着某种信任、合作与稳定的特性，如果所建立的关系的信任、合作及稳定性越强，那么意味着越容易获得对方的信息，而且发送方也愿意发送高质量的知识。康（Kang，2007）认为，关系的建立能够促进行为主体间更深层次知识的分享，因为关系的创建能够提供更多的认识和接触知识的机会。张利斌等（2012）认为关系嵌入对合作成员满意度以及知识整合具有积极的正向影响。本书研究认为，当看门人拥有或创建联系时，交互方能更加迅速地与看门人建立起沟通渠道。同时，联系的创建能使看门人意识到自己在网络中的重要程度，关系的建立促使知识整合的寻求者们当需要知识的时刻更清楚谁是知识的拥有者，并且更容易获得所需求的知识。因此本书认为：

假设 H_{22}：看门人联系创建得越好，知识的整合就越好。

3. 创建联系与知识扩散的关系

在进行信息和知识转移的过程中，知识转移双方之间认知一致性程度越高，知识转移双方（交互双方）越容易进行交流（Inkpen & Dinur，1998）。而转移双方交流的顺利进行必须基于联系的创建。魏露露和王文平（2006）在对产业集群中小团体网络结构对技术扩散影响的研究中发现，在社会网络中，节点之间交往频繁有助于新的技术知识在网络内传播。此外，知识的复杂性和隐性特征是影响技术创新扩散的重要因素，而网络中企业间的关系的建立有利于复杂的非解码知识的转移。关系嵌入的企业意味着在网络内企业间拥有较高的信任度。企业之间关系的建立通常与网络中其他成员间保持着感情契约，能够提高组织成员间稀缺资源的投入水平。同时，关系创建可以缩短组织之间的"距离量"，组织之间距离的缩短可以降低信息的搜索成本，减少信息失真，进而提高知识传播扩散的速度。因此，本书提出：

假设 H_{23}：看门人创建的联系越好，其知识扩散就越好。

4.7　跨国公司知识转移绩效影响因素的实证模型

综上所述，本书研究构建看门人视角下跨国公司知识转移绩效的影响因素模型，如图4-2所示。

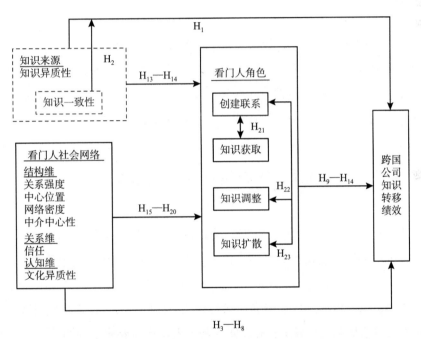

图4-2　看门人视角下跨国公司知识转移绩效影响因素的实证模型

第 5 章

看门人视角下跨国公司知识转移
绩效影响因素的研究设计

本书采用问卷调查进行数据收集，数据处理和分析方法主要包括：描述统计、相关分析、探索性因子分析、验证性因子分析、回归模型分析方法等。

量表的形成过程及数据收集包括：文献研究、专家访谈、开放式问卷、预试、正式调查、统计分析等环节，量表形成步骤如图 5-1 所示。

5.1　问卷设计与数据收集

本书研究的实证方法采用广泛使用的问卷调查法（Questionnaire Survey），因而调查问卷设计的好坏直接关系着研究的可靠性和应用价值，在研究中占有非常重要的地位。丘吉尔（Churchill，1979）认为一个规范的量表开发必须经由以下步骤：（1）概念范畴与相关内涵的探讨，即对所需开发量表所涉及的核心概念进行界定，并以此为基础来发展需要测量的题项；（2）确定构建及其测量的题项；（3）资料收集以及删除那些不符合统计标准的题项；（4）量表构建及题项确认；（5）信度与效度检验；（6）内部维度之间的结构分析。本书研究的量表开发将严格遵循丘吉尔（Churchill，1979）的研究规范[①]。

---

① Churchill Jr G A. A paradigm for developing better measures of marketing constructs [J]. Journal of marketing research, 1979: 64-73.

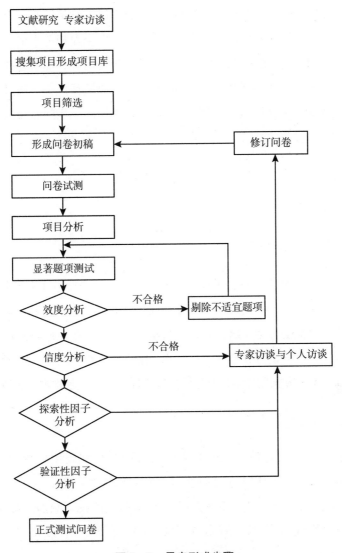

图 5 – 1　量表形成步骤

5.1.1　问卷设计

本书一方面要确保概念测量的信度和效度，另一方面要开发出能反映看门人视角下跨国公司知识转移绩效影响因素的概念范畴，因此，本书在相关概念操作化的过程中兼顾已有的研究文献和前人研究结果的基础上，设计调研问卷。之后通过一些经验丰富的专家，以及个别企业相关人员对问卷进行预测试。希望不同领域的回答者从各自角度对测量内容、题项选择、问卷格式、问题易懂性、术语准确性、题意清晰度等方面进行评价。通过上述参与者的测试，并确定哪些题项应该增减或调整，进行进一步问卷修改，完成了第一阶段调查问卷的编制工作，形成供发放的预调研问卷。

5.1.2　数据收集

1. 调研对象的选择

本书通过社会网络关系，进行问卷发放。企业的选择尽可能兼顾不同的企业类型和行业性质，本书调查的企业分别属于制造业、信息产业、服务业、能源、零售业等，企业的存续期、生命周期等也不同。企业在地理分布上具有代表性，调查的企业分别分布在北京、大连、南京、上海、广州、内蒙古自治区等省市。因此，研究预期样本具有足够的异质性，能够满足样本代表性的要求。

2. 样本数量的确定

本书在问卷开发与验证、理论模型及假设检验都要用到数量充分的样本。关于在因子分析中样本量达到多少才算足够大的问题，吴明隆（2003）认为，在 SPSS 统计分析中，200 人以上的样本是比较理想的。如果要采用结构方程模型统计技术，则低于 200 的样本数是不鼓励的。施瓦布（schwab，2002）认为，进行回归统计分析的样本量最低要求是样本数与自变量个数之比大于5∶1，因此，本书根据问卷问项与样本数5∶1的比例，进行预计发放问卷。

3. 问卷发放与数据回收

本书研究看门人视角下跨国公司知识转移绩效的影响因素，研究所涉及调查对象主要是在华跨国公司，研究对象主要在被调研企业具有看门人角色的中高层管理者、外派人员、项目负责人、研发负责人以及一小部分研发雇员、技术骨干等进行发放。为了获取真实的调研数据，消除填答时的顾虑心理，问卷全部采用匿名的方式填答，并且承诺问卷的保密性。鉴于调查对象的特殊性，主要通过同学、熟人等关系先进行联络，然后向上海、南京、北京、大连和广州地区的跨国公司发放问卷。为了保证问卷填写质量，事前对有关人员进行了论文背景及其问卷的介绍，使其能够对问卷具有大致的认识和了解；并对问卷填写过程中以及其他方面需要注意的事项进行了说明，以确保问卷填写质量和及时收回。

在问卷开发过程中，为谨慎起见，进行了一次小样本预测试，小样本测试发放问卷 150 份，收回有效问卷 93 份，仅对其进行项目分析，以初步确定问卷正式预测试题项。之后，扩大样本量发放问卷 300 份，将问卷进行了有效性处理，在对不符合要求的样本包括空白过多、反映趋势明显、单一选择的问卷剔除之后，收回有效正式问卷 236 份，回收率约为 78.7%，达到了进行因子分析的数量标准，正式测试问卷情况一览表见附表4。

5.2　变量的测量

首先，通过对已有文献的归纳，并根据实际的研究背景，对所涉及的研究变量，进行了测量研究，给出了 8 个自变量，4 个中介变量、1 个因变量，以及 7 个控制变量共计 20 个变量的测量方法，并在访谈修正的基础上，依据量表设置的基本原则，得到了本书的初始测量量表。

其次，在形成正式问卷之前，与 3 家跨国公司的具有看门人角色的相关人员进行深度访谈，就本书研究所设定的变量之间的关系是否符合实践基础进行确认，并对变量的量表进行修改。本部分的研究，为最终确立大规模研究问卷的发放提供了基础。本书研究的正式问卷见附录3。

5.2.1 因变量

知识与信息的区别在于，信息是消息的流动，而知识是信息的流动。知识有显性知识和隐性知识之分。隐性知识深深地根植于行动、承诺并涉及特定的情景之中，而显性知识则可以通过系统的语言被复制和传递（Nonaka，1994；Polanyi，1996）。组织中的行动或任务既包括一定数量的隐性知识，也包括一定数量的显性知识汉森（Hansen，1999）使用"知识复杂性"捕捉和反映隐性知识的存在。组织间进行知识转移的目的是将发送方组织的知识转移给接收方组织。在度量知识转移时，学者们采用不同的方法和指标测量知识转移绩效。在早期知识转移的研究中，缇斯（Tecee，1977）通过知识转移成本度量知识转移。苏拉克（Szulanzki，1996）从知识转移负向角度出发，把知识转移过程中遇到的困难和障碍作为因变量，他认为知识转移过程中障碍越多，知识转移就越困难，相反，知识转移过程中的障碍越少，知识转移就越成功。他还认为组织知识转移困难的标准可以通过对组织起到负面作用"事件"的数量作为评价标准。虽然他所提出的负面作用事件在一定程度上可以衡量某类知识的转移绩效，但是不能衡量所有类型知识的成功转移，并且有时很难找到这些"事件"。坎逊等（Hakanson et al.，1998）认为衡量知识转移绩效比较简单的方法可以通过某一时期内成功进行知识转移的数量衡量。但是，假如知识接收方获得的知识大部分是非显性和非结构化时，通过数量衡量知识转移绩效将会很片面，学者们认为知识转移绩效不仅是知识数量变化，也应关注知识所有权的变化，甚至更应重视知识对接收方所带来的质的变化。这些质的变化主要体现在"知识内化程度""收益""满意度"以及"知识创造程度"等指标。目前还没有一种通用的方法来测量知识转移。原因是因为知识转移的类型及情境是不同的，例如有的知识是在大学和产业之间、R&D 联盟、买卖双方、总部和子公司之间等。因此，研究者们通过采用现有知识转移的测量方法（Y. Lee & Cavusgil，2006；D. B. Minbaeva，2007），或者调整现有知识转移的测量方法（Williams，

2007），或者使用客观的数据进行测量，例如，专利数量等（Phene，Madhok & Liu，2005；W. Tsai，2001），或者开发一种新的测量方法来度量所要研究的对象（R. P. Lee et al.，2008）。阿斯穆森和福斯（Asmussen & Foss，2013）通过知识转移净利益衡量知识转移绩效。阿斯穆森和福斯（2013）将来源于公司外部（E）和公司内部（I）的知识作为外生变量，他们认为一定会找到在子公司外部知识和内部知识恒定的情况下，知识转移效果的最佳水平。知识转移净效益（NB）等于知识转移的收益减去知识转移的成本。

$$maxNB(K，E，I) = B(K，E，I) - C(K，E，I)$$

虽然对知识转移绩效的测量没有统一的共识，但是从以往的研究文献中发现，采用最为广泛的研究方法是西蒙（Simonin，1999）的测量方法与古普塔和文德瑞亚（Gupta & Govindarajan，2000）的测量方法。西蒙（1999）认为通过接收方所接受到的知识数量、知识接收方对所接收知识的依赖程度以及接收方对所接收到的知识的消化吸收程度三个方面衡量知识转移的绩效。这种方法通常用来测量战略联盟间的知识转移绩效（Dhanaraj，Lyles，Steensma & Tihanyi，2004；Santoro & Bierly Ⅲ，2006；Santoro & Saparito，2006）。古普塔和文德瑞亚（Gupta & Govindarajan，1991）根据知识流动的方向将知识分为知识流入和知识流出。舒尔茨（Schulz，2001）将知识的流动（流入和流出）分为水平流动和纵向流动。水平流动指从一个业务单元到另一同级业务单元之间的流动，例如跨国公司之间的知识流动。纵向流动指从一个业务单元到监管单元或者总部之间的知识流动。古普塔和文德瑞亚（2000）以跨国公司为研究对象从流入子公司知识、流入母公司知识、知识从子公司流出以及知识从母公司流出四个维度测量知识转移绩效。研究者们通常使用这四个维度测量母子公司之间或子公司之间的知识转移绩效（Bjorkman，Barner-Rasmussen & Li，2004；D. B. Minbaeva，2007）。

如前所述，知识转移研究在不同的情景中进行，并且发生在不同的层面中，例如，个体层面、组织层面等（Argote & Ingram，2000）。知识首先在个人层面通过承诺、经验和社会互动所获得，然后将其转移到组织之中

（Nonaka，1994）。本书主要关注知识是如何通过个体行为人而将知识转换为组织知识。组织知识涉及不同业务单元之间知识和信息的分享，并且诉诸标准的操作流程之中。

知识转移绩效测量主要关注知识是否被接收者有效利用或内部化（Kostova & Roth，2002），转移的速度（Hansen，1999，2002；Phene et al.，2005），转移成本以及转移的有效性和所感知的益处（Ambos & Ambos，2009；Ambos，& Schlegelmilch，2006）等。在测量知识转移绩效的众多文献中，安博斯（Ambos，2009）基于两个层面测量知识转移绩效，第一，不是所有的知识转移都会导致价值增加；第二，接收方对发送方所发送信息不是简单复制，而是通过接收的信息对接收方产生运作的影响程度。德哈纳拉等（Dhanaraj et al.，2004）从隐性和显性知识的维度评价知识转移绩效。本书研究结合安博斯（Ambos，2009）和德哈纳拉等（Dhanaraj et al.，2004）所开发的量表，隐性知识转移绩效——新市场经验、顾客偏好知识、管理技巧、应用在其他领域；显性知识转移绩效——有关公司技术、过程或技术信息方面的书面知识。知识转移绩效测量采用李克特 7 点量表来衡量，具体问项见附表 3 的调查问卷的知识转移绩效测量项目。

5.2.2 解释变量

1. 看门人社会网络变量的测量

本书的解释变量为看门人社会网络和知识来源。看门人社会网络维度基于哈皮特和戈沙尔（Nahapiet & Ghosha，1998）的社会资本的结构维度、关系维度和认知维度中所包含的内容，并结合第 3 章看门人社会网络仿真结果进行了微调。第 3 章的仿真结果显示，中介中心性与其他网络指标的结合，能够较全面反映网络中知识流动的特性。因此在看门人社会网络指标选取中介中心性、网络密度、中心位置以及关系强度四个指标测量看门人社会网络结构维。而看门人社会网络关系维和看门网络认知维则依据哈皮特和戈沙尔

（1998）的标准。

看门人社会网络的结构维度中的关系强度的前两项——工作关系的紧密性和交流频率采用汉森（Hansen，1999）的关系强度的单边（stand-alone）和双边（two-item）题项。有些研究者经常使用情感的维度对关系强度进行测量（Marsden & Campbell，1984）。潘松挺、蔡宁（2010）在总结现有研究的基础上，利用访谈和预备性研究初步确定了企业创新网络关系强度测量的题项，并采用探索性因素分析和验证性因素分析对量表进行实证检验，最终形成了一个包括接触时间、投入资源、合作交流范围和互惠性4个维度、13个题项的企业创新网络关系强度测量量表。本书研究综合了汉森（Hansen，1999）、马斯登和坎贝尔（Marsden & Campbell，1984）和潘松挺、蔡宁（2010）对关系强度的测量题项，通过6个题项对看门人社会网络关系强度进行问卷设计；看门人社会网络的结构维度的中心位置题项测量依据第3章的仿真结论，参考中心性的定义，借鉴朱亚丽（2008）对中心性的测量量表，通过4个题项对看门人在网络中的中心位置进行测量；看门人社会网络的结构维度中网络密度的测量参考了马斯登（Marsden，1990）、伍兹（Uzzi，1997）和刘璐（2009）等学者对网络密度的定义及测量指标，通过4个题项对看门人社会网络密度进行设计；看门人社会网络的结构维度中的中介中心性测量依据第3章的模拟实验结果以及维克多（Victor Gilsing，2008）的研究，设计了看门人社会网络的中介中心性3个测量题项。看门人社会网络关系维中的信任是指信任方基于对被信任方的一种正面期望，认为被信任方的行为有利于自己的利益或至少不损害自己的利益，因而愿意显示其脆弱性（Mayer，Davis & Schoorman，1995）。本书依据迈耶等（Mayer，Davis & Schoorman，1995）的研究题项对信任进行5个测量题项的设计。看门人社会网络认知维的文化差异性指标的测量采用昂和达因（Ang & Van Dyne，2007）与高嘉勇（2008）跨文化差异敏感量表中的题项，本书设计了看门人在东道国网络的文化差异6个测量题项。以上题项设计均采用李克特7点量表来衡量，由被调查者直接打分，具体题项见附录3的问卷调查相对应的题项。

2. 知识来源变量的测量

弗罗斯特（Frost，2001）认为跨国公司知识来源于不同的知识源（knowledge sources），根据第 4 章的文献，知识来源具有异质性和一致性的特征。本书知识异质性测量采用福斯（Foss，2013）的测量题项，知识一致性测量根据杨（Yang et al.，2008）和福斯（2013）的定义自行设计。以上题项设计均采用李克特 7 点量表来衡量，由被调查者直接打分，具体题项见附录 3 的问卷调查相对应的题项。

5.2.3　中介变量

看门人角色有四个维度，每个维度所对应的指标等都不尽相同。本书直接借鉴使用了现有的相关研究成果，将看门人角色的四个维度的度量说明如下。

（1）知识的获取。看门人知识获取主要是从隐性知识和显性知识获取两个方面进行度量。隐性知识主要从东道国外部网络中的咨询公司、大学科研机构和其他或合作伙伴中获取。显性知识获取题项的测量主要通过专业杂志、新闻布告以及电子数据库进行度量。度量标准采用李克特 7 点量表进行测量。

（2）知识整合。知识整合主要是跨国公司看门人对所获得的知识进行调整。问卷设计中有 4 个问题：向组织内部员工通俗易懂的阐述所获取的知识、精心准备有感染力的报告（以图表、颜色、情景）、在组织内部讨论所获取知识的潜在用途以及在组织内部应用实例或案例展示如何使用所获取的知识。这些问题都是用李克特 7 点量表来衡量。

（3）知识扩散。看门人知识扩散角色主要是将其调整后的知识在本组织内部进行转移。问卷设计中有 3 个问题：在组织内部发送研究报告和研究结果、在本组织内部召开会议讨论目前的研究项目、在本组织内讨论研究结果的应用前景及商业价值。这些问题都是用李克特 7 点量表来衡量。

（4）创建联系。看门人创建联系角色主要是看门人与东道国网络所建立的联系以及与跨国公司内部网络所建立的关系。问卷设计中有 4 问题：愿意分享在东道国的个人关系、重视建立与子公司员工密切的工作关系、是促进子公司员工与东道国合作伙伴之间交流的关键人物、是建立子公司员工与总部之间联系的关键人物。这些问题都是用李克特 7 点量表来衡量。

5.2.4　控制变量

在对跨国公司看门人的研究过程中其他因素可能也会影响到最终的结果，因此，需要对这些变量加以控制。本书对调查企业的规模、年龄、行业以及总部所在地进行控制，具有看门人角色的被调查者的教育背景、工作经历、职位等加以控制。

1. 跨国公司知识转移绩效的控制变量

（1）跨国公司的规模。

本书所测量的跨国公司年销售收入，以被调查跨国公司 2014 年的销售收入为基础，笔者在与某些跨国公司相关企业的技术负责人进行小规模访谈时，首先请这些专业人士将跨国公司的年销售收入划分为若干个等级，企业的人数按不同的规模划分为若干个等级，然后将专家提出的不同等级作为直接被选项，由问卷回答者直接选择符合自己企业的那一项。

（2）年龄。

本书对跨国公司年龄进行测量时，由问卷回答者直接选择符合自己企业的那一项。

（3）行业。

由于跨国公司所属行业不同，为了测定不同行业特点对跨国公司看门人角色以及跨国公司知识转移绩效是否产生影响，本书对行业进行控制。

（4）总部所在地。

由于跨国公司所在总部不同，为了测定来源于不同国家的跨国公司对看门人角色以及跨国公司知识转移绩效是否产生影响，本书对总部所在地进行控制。

2. 看门人角色的控制变量

（1）教育背景。

本书对所测量的看门人教育背景划分五个等级，分别为博士、硕士、本科、大专以及其他五个等级。不同等级作为直接被选项，由问卷回答者直接选择符合自己企业的那一项。

（2）经历。

本书对所测量的看门人经历划分为五个等级，分别为：一直在该子公司工作；有在其他子公司工作的经历；有在总部工作的经历；有在其他跨国公司总部工作的经历；有在东道国工作的经历；不同等级作为直接被选项，由问卷回答者直接选择符合自己企业的那一项。

（3）岗位。

本书根据看门人定义以及以往文献对看门人进行调研的对象，对所测量的看门人岗位划分为五个等级，分别为：研发负责人、研发雇员、技术骨干、项目负责人、中层经理。不同等级作为直接被选项，由问卷回答者直接选择符合自己企业的那一项。

5.3　描述性统计分析

样本的描述性统计第一部分主要是说明跨国公司的规模、年龄、总部所在地、公司的主营业务。样本的描述性统计第二部分主要是说明看门人的经验、教育背景、工作岗位信息，以期从总体上对样本的来源及特征有所了解。样本的基本信息统计，本书借助于 SPSS19.0 统计分析软件对企业样本基本情况信息进行描述性统计，分析如表 5－1、表 5－2 所示。

表5-1　　　　　　　　　　　企业样本基本信息统计

类别	百分比（%）	类别	百分比（%）
销售收入		总部所在地	
500万元以内	2.0	美国	19.9
501万~1000万元	2.0	日本	7.3
1001万~5000万元	8.6	韩国	3.3
5001万~1亿元	3.3	欧洲	32.5
1亿~2亿元	4.6	其他	31.1
2亿~5亿元	13.2	主营业务	
5亿元以上	66.2	制造业	34.4
员工人数		信息产业	21.9
20人以下	2.0	酒店服务	2.0
21~50人	3.3	零售业	5.3
51~100人	3.3	医疗	1.3
101~200人	5.3	化工	2.0
201~500人	10.6	中介服务	0.7
501~1000人	7.9	其他	32.5
1000人以上	67.5	企业年龄	
企业年龄		11~15	64.2
2年以内	2.6	15年以上	1.4
2~5年	20.5		
6~10年	11.3		

表5-2　　　　　　　　　　　看门人样本基本信息

类别	百分比（%）	类别	百分比（%）
性别		岗位	
男	71.5	高管	1.3
女	28.5	项目负责人	30.5
教育背景		部门经理	10.6
博士	23.8	研发负责人	7.3
硕士	43.0	研发雇员	25.2
本科	22.5	技术骨干	25.2
大专	10.6	身份	
工作经历		侨民	4.6

续表

类别	百分比（%）	类别	百分比（%）
一直在该子公司工作	20.5	驻海外人员	17.2
有在总部工作的经历	8.6	本地人	74.8
有在其他子公司工作的经历	2.0	其他	3.3
有在其他跨国公司工作经历	9.3		
有在东道国工作的经历	59.6		

从表 5 - 1 中可以看出，在回收的有效问卷中，跨国公司的销售收入在 5 亿元以上的占 66.20%，2 亿 ~ 5 亿元的年销售收入占 13.20%。1000 万元到 5000 万元的年销售收入企业占 8.6%。员工人数 1000 以上占 67.5%。子公司年龄一般集中在 10 ~ 15 年占 64.2%，这些情况与在华跨国公司的实际情况基本吻合。在调研的跨国公司中总部所在地主要集中在美国和欧洲的在华子公司。在华子公司的主营业务主要集中在制造业和信息业，这与国家统计年鉴 2013 年的统计数据吻合。

从表 5 - 2 中可以看出，样本的基本信息中，男性占 71.5%，女性占 28.5%，这与在华跨国公司看门人大多以男性为主的情况一致。教育背景中，博士占 23.8%，硕士占 43%，本科的 22.5%，这说明本书问卷中的在华跨国公司看门人以本科以上学历为主。看门人身份主要以东道国本地人为主，这一情况与实际在华跨国公司的情况吻合。在其工作经历中主要在东道国工作，所从事的岗位主要集中在研发雇员和技术骨干岗中。在华跨国公司看门人大多数人都曾在其他国家和地区工作过，具有比较丰富的国际工作经验。

5.4　信度检验

问卷的信度是指度量个别变量的可信程度，通过可信度的高低判别结果的一致性，测量量表的结构或者所设计的测量指标是否全面反映对应事物的特征，以及指标的可信程度等。对问卷信度的测量可以用再测信度、折半信度和 Chronbacha 信度三种方法①。本研究通过 Chronbacha 信度来进行测量，依据农纳利（Nunnally，1978）的判断标准，α > 0.9 说明信度非常好，0.7 < α < 0.9 为高信度，0.35 < α < 0.7 代表中等信度，a < 0.35 代表低信度。本书通过 SPSS19.0 软件对样本数据进行 Chronbacha 检测，进行量表内部一致性判别。表 5 - 3 列出了本书量表的指标信度。由表 5 - 3 可以看出，13 个变量的测量信度均大于 0.7，说明测量表的 13 个变量具有良好的内部一致性。

表 5 - 3　　　　　　　　　　　　　　　　指标信度

变量	测量问项数量	信度（Cronbaeh's alpha）
知识异质性	3	0.749
知识一致性	2	0.878
知识获取	6	0.769
知识整合	4	0.830
知识扩散	3	0.817
创建联系	4	0.795
中心位置	4	0.775
关系强度	6	0.781
网络密度	4	0.758
中介中心性	3	0.755
文化差异	6	0.869
信任	5	0.886
知识转移绩效	6	0.850

5.5　效度检验

测量效度是指实际测量值反映试图测量特征的程度。测量效度评价的指标主要有两个：内容效度（content validity）和区分效度（discriminant validi-

---

① Hair J F, Anderson R E, Tatham R L, et al. Multivariate Data Analysis, 5th Ed [J]. All Publications, 1998.

ty)①。变量内容效度的测量，往往通过文献分析与访谈相结合的方式，对测量项目的代表性以及综合性进行评价。本书对测量项目的内容效度，首先在现有研究文献的基础上，对变量测量参照现有的文献，并根据研究对象进行仔细修正而设计出来，有一些少部分暂时没有可供参考的文献，本书依据其概念进行项目的自行设置。依据上述变量测量的基础，对 3 家跨国公司的12 位项目负责人、研发雇员展开访谈测试，通过访谈的反馈结果，对不合格的测量项目进行删除或修正，确保量表有较高的内容效度。效度检验依据的判断标准②：

（1）KMO 样本测度（Kaiser-Meyer—Olkin Measure of sampling Adequaey）。它是所有变量的简单相关系数的平方和与这些变量之间的偏相关系数的平方和之差，相关系数实际上反映的是公共因子起作用的空间，偏相关系数反映的是特殊因子起作用的空间。KMO 越接近于 1，越适于作因子分析。KMO 过小，不适于作因子分析。数据是否适合于作因子分析，一般采用如下主观判断：KMO 在 0.9 以上，非常适合；0.8～0.9，很适合；0.7～0.8，适合；0.6～0.7，不太适合；0.5～0.6，很勉强；0.5 以下，不适合。

（2）Bartlett 球体检验（Bartlett test of spherieity）。这个统计量（在一定条件下服从卡方分布）从整个相关系数矩阵来考虑问题，其零假设 H_0 是相关系数矩阵为单位矩阵，可以用常规的假设检验判断相关系数矩阵是否显著异于零。Bartlett 统计值的显著性概率，小于等于 α 时，拒绝 H_0，可以作因子分析。

利用主成分分析法（principle component methods），并采用 varimax 旋转来进行因子分析。在因素的个数决定上，以特征根大于 1 为因子选择标准。在对项目的区分效度进行评价时，需遵循如下三个原则③。

---

① 马庆国. 管理统计：数据获取，统计原理，SPSS 工具与应用研究［M］. 科学出版社，2002.

② 引自：马庆国. 管理统计：数据获取，统计原理，SPSS 工具与应用研究［M］. 科学出版社，2002.

③ 引自：查金祥，王立生. 网络购物顾客满意度影响因素的实证研究［J］. 管理科学，2006，19（1）：50–58.

（1）当一个项目自成一个因子时，予以删除，因为其没有内部一致性。

（2）项目（问项）在所属因子的载荷量大于 0.5，则其具有收敛效度。

（3）每一项目（问项）其所对应的因子载荷必须接近 1（越大越好），但在其他因子的载荷必须接近于 0（越小越好），这样才具有好的区分效度，因此，如果问项在所有因子的载荷均小于 0.5，或者在两个或两个以上因子的载荷均大于 0.5，属于横跨因子现象，则予以删除。

根据上述因子检验的判别标准，对本书的 13 个变量以及 60 个测量问项，即 8 个自变量、4 个中介变量、1 个因变量，共三个部分进行探索性因子分析。根据前述效度检验的相关规则，在做因子分析前，先对各变量问项进行了 KMO 样本测度和 Bartlett 球体检验。各变量用英文首字母组合进行表示，参见附表 3 的问卷调查表中的相应题项。

1. 看门人角色问卷探索性因子分析

使用 SPSS19.0 对样本数据做探索性因子分析（exploratory factor analysis），先进行 KMO 和 Bartlett 球形检验，通过检验则说明样本数据适合进行因子分析，然后运用主成分和方差极大旋转法（Varimax）来确定样本数据的多维结构。探索性因子分析的计算结果整理汇总成表 5 - 4、表 5 - 5。

表 5 - 4　　　　看门人角色问卷 KMO 和 Bartlett 的检验

取样足够度的 Kaiser-Meyer-Olkin 度量		0.864
Bartlett 的球形度检验	近似卡方	1039.319
	Df	91
	Sig.	0.000

从表 5 - 4 中可以看出，所有变量均通过了 Bartlett 球体检验，Bartlett 球体检验的概率为 0 小于 0.001，KMO 系数均值为 0.864 大于 0.7。故看门人角色问卷适合做探索性因子分析。

111

表 5 - 5　　　　　　　　　　看门人角色探索性因子分析结果

变量	项目	因子			
		1	2	3	4
知识获取	TKC1	0.113	0.720	0.272	0.288
	TKC2	0.068	0.686	0.180	0.338
	TKC3	0.078	0.192	0.291	0.142
	EKC1	0.134	0.794	0.360	0.249
	EKC2	0.110	0.328	0.384	0.169
	EKC3	0.061	0.663	0.452	0.127
知识整合	KI1	0.643	0.220	0.262	0.150
	KI2	0.760	0.156	0.130	0.054
	KI3	0.701	0.392	0.071	0.241
	KI4	0.731	0.429	0.031	0.109
知识扩散	KD1	0.195	0.249	0.722	0.075
	KD2	0.228	0.351	0.694	0.208
	KD3	0.221	0.102	0.768	-0.092
创建联系	CR1	0.339	0.488	0.072	0.572
	CR2	0.088	0.338	0.180	0.580
	CR3	0.236	0.192	0.391	0.391
	CR4	0.330	0.249	0.140	0.640
特征根		5.187	2.986	1.436	1.050
共解释方差（%）		79.304			

通过表 5 - 5 可以看出，知识获取的"TKC3"和"EKC2"题项以及创建联系的"CR3"题项因子得分低于 0.5 予以剔除。看门人角色共提取 4 个公因子，共解释方差 79.304%。

2. 看门人社会网络结构维问卷探索性因子分析

使用 SPSS19.0 对看门人社会网络结构维样本数据做探索性因子分析，先进行 KMO 和 Bartlett 球形检验，检验结果如表 5 - 6 所示。

表 5 - 6　　　　　**看门人社会网络结构维 KMO 和 Bartlett 的检验**

取样足够度的 Kaiser-Meyer-Olkin 度量		0.772
Bartlett 的球形度检验	近似卡方	948.057
	df	136
	Sig.	0.000

从表 5 - 6 中可以看出，所有变量均通过了 Bartlett 球体检验，Bartlett 球体检验的概率为 0 小于 0.001，KMO 系数均值为 0.772 大于 0.7。故看门人社会网络结构维问卷适合做探索性因子分析，探索因子分析如表 5 - 7 所示。

表 5 - 7　　　　　**看门人社会网络结构维探索性因子分析结果**

变量	项目	因子					
		1	2	3	4	5	6
关系强度	RS1	0.382	0.428	0.163	0.186	- 0.004	0.211
	RS2	0.328	0.204	- 0.061	0.237	0.273	0.630
	RS3	0.071	- 0.054	- 0.147	0.050	0.324	0.788
	RS4	0.002	0.127	0.476	0.133	- 0.251	0.660
	RS5	0.120	0.842	0.181	0.014	0.075	0.051
	RS6	0.094	0.007	0.087	0.189	0.255	0.822
中心位置	CP1	0.331	0.140	0.662	- 0.028	0.242	0.142
	CP2	0.172	0.105	0.792	0.060	0.238	0.001
	CP3	0.541	0.369	0.513	0.126	0.050	- 0.128
	CP4	0.153	0.134	0.781	0.060	0.126	0.012
中介中心性	BC1	0.342	0.283	0.114	0.701	- 0.181	0.181
	BC2	0.232	0.329	0.003	0.776	- 0.004	0.190
	BC3	0.006	- 0.146	0.121	0.789	0.357	- 0.022
网络密度	ND1	0.053	0.193	0.173	0.146	0.748	0.144
	ND2	0.695	0.100	0.339	0.036	0.197	- 0.034
	ND3	0.612	0.063	0.043	0.268	0.222	0.132
	ND4	0.813	0.105	0.080	0.106	0.000	0.134
特征根		5.410	1.728	1.370	1.164	1.045	1.033
共解释方差（%）		69.113					

从表 5 – 7 中可以看出，关系强度中的题项 "RS5"、网络密度中的题项 "ND1" 均自成为一个因子，因此本书将这两个题项予以剔除。中心位置的测量项目 "CP3" 在两个因子的载荷均大于 0.5，属于因子的横跨现象，因此，也予以删除。关系强度中的题项 "RS1" 因子载荷小于 0.5，也予以剔除。剔除四个题项后，共保留了 4 个因子。

3. 看门人社会网络关系维（信任）问卷探索性因子

使用 SPSS19.0 对看门人社会网络关系维（信任）样本数据做探索性因子分析，先进行 KMO 和 Bartlett 球形检验，检验结果如表 5 – 8 所示。

表 5 – 8　　　　　看门人社会网络关系维 KMO 和 Bartlett 的检验

取样足够度的 Kaiser-Meyer-Olkin 度量		0.828
Bartlett 的球形度检验	近似卡方	454.486
	df	10
	Sig.	0.000

从表 5 – 8 中可以看出，所有变量均通过了 Bartlett 球体检验，Bartlett 球体检验的概率为 0 小于 0.001，KMO 系数均值为 0.828 大于 0.7。故看门人社会网络关系维问卷适合做探索性因子分析，探索因子分析如表 5 – 9 所示。

表 5 – 9　　　　　看门人网络关系维探索性因子分析结果

	成分
	1
C1 工作中遇到困难时，东道国同事会帮助解决	0.848
C2 当需要帮助时，东道国同事会给予帮助	0.912
C3 可以依靠东道国同事达成期望的目标	0.865
C4 东道国同事有足够的技能	0.849
C5 在没有监督的情况下，东道国同事会继续他们的工作	0.663
共解释方差（%）	69.174

从表 5 - 9 中可以看出，主成分矩阵得分都大于 0.5，解释的方差为 69.174%。说明看门人社会网络关系维各问项通过了效度检验。

4. 看门人网络认知维（文化差异性）问卷探索性因子

使用 SPSS19.0 对网络认知维（文化差异性）样本数据做探索性因子分析，先进行 KMO 和 Bartlett 球形检验，检验结果如表 5 - 10 所示。

表 5 - 10　　　　　　看门人网络认知维 KMO 和 Bartlett 的检验

取样足够度的 Kaiser-Meyer-Olkin 度量		0.862
Bartlett 的球形度检验	近似卡方	400.802
	Df	15
	Sig.	0.000

从表 5 - 10 中可以看出，所有变量均通过了 Bartlett 球体检验，Bartlett 球体检验的概率为 0 小于 0.001，KMO 系数均值为 0.862 大于 0.7。故看门人社会网络认知维问卷适合做探索性因子分析，探索因子分析如表 5 - 11 所示。

表 5 - 11　　　　　　看门人社会网络认知维探索性因子分析结果

	成分
	1
CD1 可以使用所了解的文化知识与不同文化背景的人进行交流	0.811
CD2 了解东道国法律规范和经济规则	0.804
CD3 了解东道国文化、价值观和宗教信仰	0.790
CD4 愿意与不同文化背景的人进行交流	0.738
CD5 可以调节新文化的压力	0.799
CD6 可以通过其他行为（如跨文化互动、语音、语调）增进理解及交流	0.739
共解释方差（%）	60.971

从表 5 - 11 中可以看出，主成分矩阵得分都大于 0.5，解释的方差为 60.971%。说明看门人社会网络认知维各问项通过了效度检验。

5. 知识来源探索性因子分析

使用 SPSS19.0 对看门人知识来源样本数据做探索性因子分析，先进行 KMO 和 Bartlett 球形检验，检验结果如表 5 – 12 所示。

表 5 –12   知识来源 **KMO** 和 **Bartlett** 的检验

取样足够度的 Kaiser-Meyer-Olkin 度量		0.831
Bartlett 的球形度检验	近似卡方	406.751
	df	10
	Sig.	0.000

从表 5 – 12 中可以看出，所有变量均通过了 Bartlett 球体检验，Bartlett 球体检验的概率为 0 小于 0.001，KMO 系数均值为 0.831 大于 0.7。故知识来源问卷适合做探索性因子分析，探索因子分析如表 5 – 13 所示。

表 5 –13   知识来源探索性因子分析结果

	成分	
	1	2
KS1 从东道国外部网络接收多样化知识	0.911	0.160
KS2 从东道国外部网络顾客获得知识	0.821	0.404
KS3 从东道国外部网络不同主体接收的知识	0.674	0.376
KS4 从跨国公司内部网络接收到的知识与现存知识容易结合	0.319	0.829
KS5 主观上感觉从跨国公司内部网络接收到的知识与现存知识在很大程度上一致	0.216	0.883
共解释方差（%）		83.049

从表 5 – 13 中可以看出，旋转后的主成分矩阵得分都大于 0.5，解释的方差为 83.049%。说明知识来源各题项通过了效度检验。

6. 知识转移绩效探索性因子分析

使用 SPSS19.0 对知识转移绩效样本数据做探索性因子分析，先进行 KMO 和 Bartlett 球形检验，检验结果如表 5 – 14 所示。

表 5 − 14   知识转移绩 KMO 和 Bartlett 的检验

取样足够度的 Kaiser-Meyer-Olkin 度量		0.852
Bartlett 的球形度检验	近似卡方	354.903
	df	15
	Sig.	0.000

从表 5 − 14 中可以看出，所有变量均通过了 Bartlett 球体检验，Bartlett 球体检验的概率为 0 小于 0.001，KMO 系数均值为 0.852 大于 0.7。故知识转移绩效问卷适合做探索性因子分析，探索因子分析如表 5 − 15 所示。

表 5 − 15   知识转移绩效探索性因子分析结果

	成分
	1
KTP1 获取的知识在很大程度上转换成市场经验	0.757
KTP2 企业能够较多地获得顾客偏好知识	0.792
KTP3 接收的知识能够在较大程度上提高管理的技巧	0.778
KTP4 知识被吸收后能够运用到其他的领域或其他项目	0.829
KTP5 员工（或部门）比较主动地进行知识共享与信息交流	0.750
KTP6 互访、培训、经验交流、工作轮换等方法提高了员工的素质	0.656
解释的总方差	58.093%

从表 5 − 15 中可以看出，主成分矩阵得分都大于 0.5，解释的方差为 58.093%。说明知识转移绩效问项通过了效度检验。

5.6 Pearson 相关分析

本书主要运用 Pearson 双侧检验各变量对跨国公司知识转移绩效的影响。如表 5 − 16 所示，各潜变量对跨国公司知识转移绩效的相关关系，在 1% 的显著性水平下显著，故各解释变量与因变量之间具有因果关系。

表 5 – 16

Pearson 相关分析

	均值	标准差	创建联系	知识扩散	知识整合	知识获取	知识异质性	知识一致性	信任	中心位置	关系强度	网络密度	中介中心性	文化差异	知识转移绩效
创建联系	13.6887	4.47837	1												
知识扩散	14.6887	4.14919	0.550**	1											
知识整合	21.5695	4.37951	0.473**	0.705**	1										
知识获取	19.3974	5.09389	0.486**	0.436**	0.437**	1									
知识异质性	15.3444	3.65157	0.544**	0.441**	0.347**	0.375**	1								
知识一致性	10.3709	2.34838	0.599**	0.423**	0.416**	0.283**	0.655**	1							
信任	26.2450	5.94527	0.478**	0.334**	0.299**	0.281**	0.662**	0.588**	1						
中心位置	13.9205	3.96236	0.516**	0.310**	0.285**	0.381**	0.479**	0.442**	0.323**	1					
关系强度	19.0596	4.62346	0.443**	0.354**	0.426**	0.281**	0.432**	0.441**	0.415**	0.475**	1				
网络密度	14.5629	3.32982	0.481**	0.409**	0.514**	0.366**	0.482**	0.427**	0.341**	0.519**	0.480**	1			
中介中心性	12.2980	4.41179	0.545**	0.491**	0.468**	0.401**	0.332**	0.357**	0.424**	0.301**	0.486**	0.427**	1		
文化差异	32.3467	5.53450	0.516**	0.408**	0.362**	0.353**	0.653**	0.599**	0.433**	0.491**	0.475**	0.356**	0.362**	1	
知识转移绩效	32.2200	5.65907	0.482**	0.455**	0.426**	0.426**	0.472**	0.516**	0.339**	0.445**	0.444**	0.378**	0.454**	0.577**	1

注：** 表示在 0.99 水平（双侧）上显著相关。
* 表示在 0.95 水平（双侧）上显著相关。

第 6 章

看门人视角下跨国公司知识转移
绩效影响因素的实证研究

为了进一步检验量表的信度与效度，本书针对探索性研究所得出的量表题项和维度进行验证性因子分析（confirmatory factor analysis，CFA）。

验证性因子分析主要检验测量模型的收敛效度（或聚合效度）和区分效度，收敛效度是表明测量项目与相应的潜变量之间具有较强的相关性，而区分效度则进一步表明测量项目与其他的潜变量之间具有较弱的相关性。收敛效度和区分效度的检验同时需要建立在模型拟合的基础上。常用的绝对拟合指标数包括：χ^2，χ^2/df、RMSEA、SRMR、AGFI、GFI；其中，当卡方值的显著性 $p > 0.05$ 时，模型是可以接受的，但是卡方值与样本大小有直接关系，样本越大，卡方值也越大，所以拒绝一个模型的概率随样本规模增加而增加。为减小这种影响，常用与卡方相联系的粗略常规（rough rule of thumb）$= \chi^2/\mathrm{df}$ 来判断，一般认为，如果 $\chi^2/\mathrm{df} > 5$，则认为模型拟合得不好，$2 < \chi^2/\mathrm{df} < 5$，则可以接受模型；$\chi^2/\mathrm{df} < 2$，拟合得比较好。RMSEA 的值在 $0 \sim 1$，RMSEA 越接近 0，表示整体拟合越好。RMSEA < 0.05 表示非常好的拟合，0.05 < RMSEA < 0.08 表示好的拟合，0.08 < RMSEA < 0.10 则是中度拟合，RMSEA > 0.10 表示不好的拟合。AGFI 与 GFI 越接近 1，表示模型整体拟合较好，通常学者建议大于 0.9 时表示良好拟合。

相对拟合指数。相对拟合指数也称为增值拟合指标或比较拟合指标，其目的是用来对不同的理论模型进行比较。常见的有 *NFI* 及对其改进的 IFI、NNFI、CFI，这几个指数越接近 1，拟合程度越好，一般认为，大于 0.9 为较好的拟合。

简约指数。简约拟合指数用以呈现需要达到某一特殊水平的模型拟合的估计系数的数目是多少。对简约拟合指标的操作性定义为检查模型的自由度与虚无模型的自由度之比率，其主要目的是更正模型任何有过度拟合的情况如 PNFI、PGFI，一般这些指标值越大则模型的拟合度越好，通常以大于 0.5 为接受模型的标准①。

6.1 验证性因子分析

1. 看门人角色验证性因子分析

用验证性因子分析的数据，对所提出的看门人角色结构模型进行测算与检验，得到看门人角色结构模型的标准化解，如图 6 - 1 所示。

从图 6 - 1 中可以看出，与探索性因子所形成的结构维度相比，在看门人角色的创建联系维中第二个问项在进行验证性因子分析时，由于路径依赖系数小于 0.5，予以剔除，故形成如图 6 - 1 的结构。看门人角色量表验证性因子分析各拟合指数值如表 6 - 1 所示。

---

① 侯杰泰，温忠麟，成子娟. 结构方程模型及其应用. 北京：教育科学出版社，2006：154 - 168.

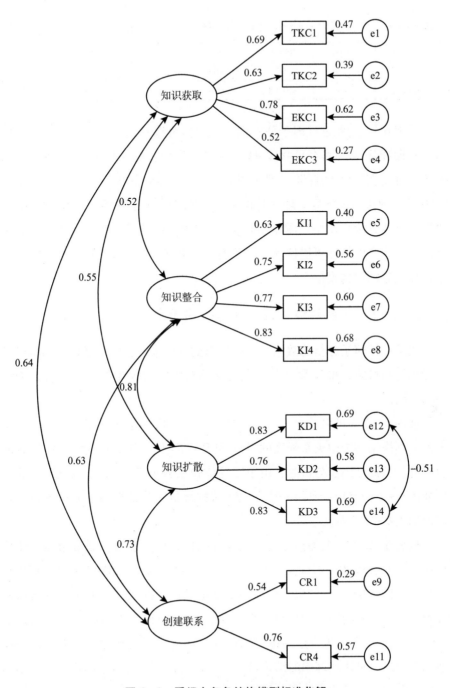

图6-1　看门人角色结构模型标准化解

表 6 - 1   看门人角色量表验证性因子分析各拟合指数值

拟合指标	χ^2/df	RMSA	GFI	CFI	IFI	PNFI
假设模型	1.776	0.072	0.903	0.937	0.939	0.585
判断标准	<3	<0.08	>0.9	>0.9	>0.9	>0.5

从表 6 - 1 中验证性因子分析拟合的数值可以看出，各指标的拟合数值与判断标准比较，都在可接受的范围内。测量指标 GFI 值是 0.903 大于 0.90，可接受，因此假设模型可以接受。RMSEA 为 0.072 小于判断指标 0.08 预示模型适配较好。增值适配 CFI 为 0.937 大于判断指标 0.90，显示模型能够达到理想水平。测量指标 PNFI 为 0.585 大于判断标准 0.5，故模型的简效拟合度指标可以接受。因此看门人角色 4 因子结构模型拟合较好，是比较理想的结构模型。

2. 看门人社会网络结构维验证性因子分析

用验证性因子分析的数据，对所提出的看门人社会网络结构维结构模型进行测算与检验，得到看门人社会网络结构维结构模型的标准化解，如图 6 - 2 所示。

从图 6 - 2 中可以看出，与探索性因子所形成的结构维度相比，在看门人社会网络结构维中关系强度的 RS3 和 RS4 问项、中介中心性中的 BC3 问项在进行验证性因子分析时，由于路径依赖系数小于 0.5，予以剔除，故形成如图 6 - 2 的结构。看门人社会网络结构维量表验证性因子分析各拟合指数值如表 6 - 2 所示。

从表 6 - 2 中三大类指标与检验标准的比较可以看出，测量指标 GFI 值是 0.951 大于 0.90，可接受，因此假设模型可以接受。RMSEA 为 0.070 小于判断指标 0.08 预示模型适配较好。增值适配 CFI 为 0.971 大于判断指标 0.90，显示模型能够达到理想水平。测量指标 PNFI 为 0.501 大于判断标准 0.5，故模型的简效拟合度指标可以接受。因此知识转移角色四因子结构模型拟合较好，是比较理想的结构模型。因此看门人社会网络结构四因子结构模型拟合较好，是比较理想的结构模型。

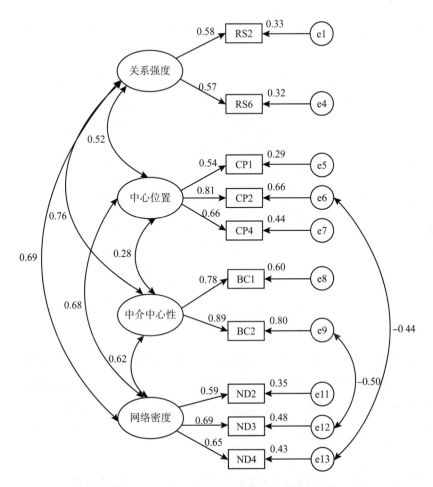

图 6 – 2　看门人社会网络结构维模型标准化解

表 6 – 2　　看门人社会网络结构维量表验证性因子分析各拟合指数值

拟合指标	χ^2/df	RMSA	GFI	CFI	IFI	PGFI
假设模型	1.443	0.070	0.951	0.971	0.972	0.501
判断标准	<3	<0.08	>0.9	>0.9	>0.9	>0.5

3. 看门人社会网络关系维验证性因子分析

用验证性因子分析的数据，对所提出的看门人社会网络关系维结构模型进行测算与检验，得到看门人社会网络关系维结构模型的标准化解，如图6-3所示。

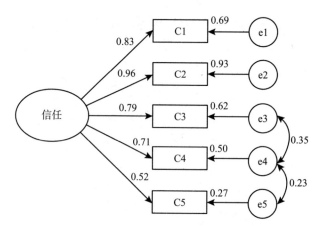

图6-3　看门人社会网络关系维模型标准化解

从图6-3中可以看出，与探索性因子所形成的结构维度相比，在看门人社会网络关系维中信任问项在进行验证性因子分析时，由于路径依赖系数大于0.5，故形成如图6-3的结构。看门人社会网络关系维量表验证性因子分析各拟合指数值如表6-3所示。

表6-3　　看门人社会网络关系维量表验证性因子分析各拟合指数值

拟合指标	χ^2/df	RMSA	GFI	CFI	IFI	PGFI
假设模型	0.396	0.000	0.997	1.000	1.000	0.517
判断标准	<3	<0.08	>0.9	>0.9	>0.9	>0.5

从表6-3中三大类指标与检验标准的比较可以看出，绝对适配测量的GFI值为0.997大于0.90，可接受，因此假设模型可以接受。RMSEA=0小于0.08显示"算是不错的适配"，模型适配良好。增值适配CFI=1大于0.90的可接受水平，模型可达到理想水平。简效适配指标PNFI=0.517大于0.5，因此模型的简效拟合度指标可以接受。因此本假设模型是一个比较

符合实证资料的模型。

4. 看门人社会网络认知维验证性因子分析

用验证性因子分析的数据，对所提出的看门人社会网络认知维结构模型进行测算与检验，得到看门人社会网络认知维结构模型的标准化解，如图 6 - 4 所示。

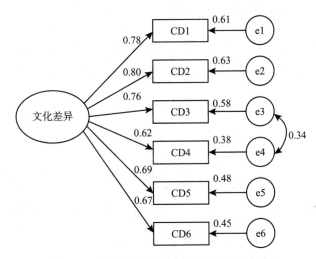

图 6 - 4　看门人社会网络认知模型标准化解

从图 6 - 4 中可以看出，与探索性因子所形成的结构维度相比，在看门人社会网络认知维中信任问项在进行验证性因子分析时，由于路径依赖系数大于 0.5，故形成如图 6 - 4 的结构。看门人社会网络认知维量表验证性因子分析各拟合指数值如表 6 - 4 所示。

表 6 - 4　看门人社会网络认知维量表验证性因子分析各拟合指数值

拟合指标	χ^2/df	RMSA	GFI	CFI	IFI	PGFI
假设模型	1.866	0.070	0.968	0.982	0.983	0.501
判断标准	<3	<0.08	>0.9	>0.9	>0.9	>0.5

从表 6 - 4 中三大类指标与检验标准的比较可以看出，绝对适配测量的 GFI 值为 0.968 大于 0.90，可接受，因此假设模型可以接受。RMSEA = 0.070 小于 0.08 显示 "算是不错的适配"，模型适配良好。增值适配 CFI = 0.982 大于 0.90 的可接受水平，模型可达到理想水平。简效适配指标 PNFI = 0.501 大于 0.5，因此模型的简效拟合度指标可以接受。因此本假设模型是一个比较符合实证资料的模型。

5. 知识来源验证性因子分析

用验证性因子分析的数据，对所提出的知识来源结构模型进行测算与检验，得到知识来源结构模型的标准化解，如图 6 - 5 所示。

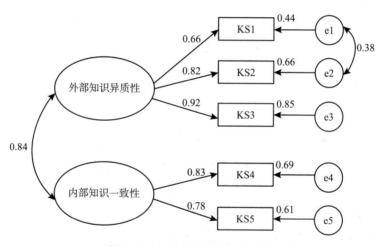

图 6 - 5　知识来源模型标准化解

从图 6 - 5 中可以看出，与探索性因子所形成的结构维度相比，在知识来源问项在进行验证性因子分析时，由于路径依赖系数大于 0.5，故形成如图 6 - 5 的结构。知识来源量表验证性因子分析各拟合指数值如表 6 - 5 所示。

表6-5   知识来源量表验证性因子分析各拟合指数值

拟合指标	χ^2/df	RMSA	GFI	CFI	IFI	PGFI
假设模型	0.554	0.000	0.996	1.000	1000	0.599
判断标准	<3	<0.08	>0.9	>0.9	>0.9	>0.5

从表6-5中三大类指标与检验标准的比较可以看出，绝对适配测量的GFI值为0.996大于0.90，可接受，因此假设模型可以接受。RMSEA=0小于0.08显示"算是不错的适配"，模型适配良好。增值适配CFI=1大于0.90的可接受水平，模型可达到理想水平。简效适配指标PNFI=0.599大于0.5，因此模型的简效拟合度指标可以接受。因此本假设模型是一个比较符合实证资料的模型。

6. 知识转移绩效验证性因子分析

用验证性因子分析的数据，对所提出的知识转移绩效结构模型进行测算与检验，得到知识转移绩效结构模型的标准化解，如图6-6所示。

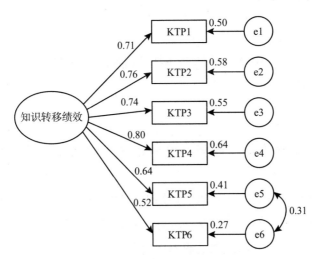

图6-6　知识转移绩效标准化解

从图6-6中可以看出，与探索性因子所形成的结构维度相比，在知识转移绩效问项中进行验证性因子分析时，由于路径依赖系数大于0.5，故形成如图6-6的结构。知识转移绩效量表验证性因子分析各拟合指数值如表6-6所示。

表6-6　　　　　知识转移绩效量表验证性因子分析各拟合指数值

拟合指标	χ^2/df	RMSA	GFI	CFI	IFI	PGFI
假设模型	1.409	0.000	0.976	0.991	0.991	0.572
判断标准	<3	<0.08	>0.9	>0.9	>0.9	>0.5

从表6-6中三大类指标与检验标准的比较可以看出，绝对适配测量的GFI值为0.976大于0.90，可接受，因此假设模型可以接受。RMSEA=0小于0.08显示"算是不错的适配"，模型适配良好。增值适配CFI=0.991大于0.90的可接受水平，模型可达到理想水平。简效适配指标PNFI=0.572大于0.5，因此模型的简效拟合度指标可以接受。因此本假设模型是一个比较符合实证资料的模型。

6.2　回归分析与假设检验

6.2.1　知识来源对跨国公司知识转移绩效影响的检验

如前文假设所述，得出跨国公司知识来源的异质性与知识转移绩效具有倒"U"型曲线关系的研究假设。而知识来源的一致性特性负向调节知识异质性对跨国公司知识转移绩效的影响作用。因此本书将分别对知识转移绩效进行的回归，并设定如下的回归模型：

模型1：KTP = A + b_1 × 规模 + b_2 × 年龄 + b_3 × 行业 + b_4 × 总部所在地 + e_1

模型 2：KTP = A + b_1 × 规模 + b_2 × 年龄 + b_3 × 行业 + b_4 × 总部所在地 + b_5 × KD + b_6 × KD^2 + e_2

模型 3：KTP = A + b_1 × 规模 + b_2 × 年龄 + b_3 × 行业 + b_4 × 总部所在地 + b_5 × KD + b_6 × KC + b_7 × KD × KC + e_3

其中，KTP 代表跨国公司知识转移绩效，KD 代表知识异质性，KD^2 为知识异质性的平方项。KC 代表知识一致性。KD × KC 为知识一致性对知识多样的调节作用。e_1、e_2、e_3 为回归模型的随机误差项。

由表 6-7 可以看出，回归模型的 F 统计量的值是 25.299，回归效果显著（在 0.01 的显著性水平下），回归模型的假设是可以接受。此外，知识异质性和跨国公司知识转移绩效之间的一次项系数为正值，而二次项系数为负，故呈倒 "U" 型曲线关系。同时在结果的回归模型中，KD 与 KD^2 对知识转移绩效的回归系数均在 0.01 的水平下显著。控制变量企业年龄和行业在 5% 的显著性水平下对跨国公司知识转移绩效产生正向影响。

因此，由回归分析结果可知，知识异质性对知识转移绩效的影响呈倒 "U" 型曲线关系。本书所提出的研究假设 H_1 得到了验证。

表 6-7　　　　　　　　　　知识异质性对知识转移绩效的回归结果

因变量	变量	系数（β）		t 值	Sig	R^2/调整 R^2	F 值（sig）
KTP	规模	b_1	-0.065	-0.819	0.414	0.256/0.246	25.299 (0.000)
	年龄	b_2	0.189 **	2.338	0.021		
	行业	b_3	0.163 **	2.192	0.030		
	总部	b_4	-0.032	-0.422	0.674		
	KD	b_5	1.377 ***	3.827	0.000		
	KD^2	b_6	-0.923 ***	-2.566	0.011		

注：*** 、** 分别代表 1% 和 5% 的水平下显著。

由表 6-8 可以看出，回归模型的 F 统计量的值是 31.582，回归效果显著（在 0.01 的显著性水平下），回归模型的假设是可以接受。同时在回归的模型中，KD、KC 以及 KD × KC 对知识转移绩效的回归系数均在 0.01 的水平下显著。控制变量企业年龄和行业在5%的显著性水平下对跨国公司知识转移绩效产生正向影响。因此，由回归分析结果可知，知识一致性负向调节知识异质性对知识转移绩效的影响。本书所提出的研究假设 H_2 得到了验证。

表6-8　　知识一致性调节知识异质性对知识转移绩效的影响回归结果

因变量	变量	系数（β）		t 值	Sig	R²/调整 R²	F 值（sig）
KTP	规模	b_1	- 0.028	- 0.395	0.693	0.394/0.381	31.582 (0.000)
	年龄	b_2	0.122 **	1.664	0.028		
	行业	b_3	0.213 ***	3.181	0.002		
	总部	b_4	- 0.053	- 0.774	0.440		
	KD	b_5	1.091 ***	5.515	0.000		
	KC	b_6	1.197 ***	6.185	0.000		
	KD × KC	b_7	- 1.570 ***	- 4.803	0.000		

注：***、** 分别代表1%和5%的水平下显著。

6.2.2　看门人社会网络对跨国公司知识转移绩效影响的检验

本书假设看门人社会网络的结构维度对跨国公司知识转移产生影响。其中假设看门人社会网络结构维中的网络密度对跨国公司知识转移绩效有负向影响；假设看门人社会网络中介中心性对跨国公司知识转移绩效有正向影响；假设看门人社会网络关系强度对跨国公司知识转移绩效有正向影响；假设看门人社会网络中心位置对跨国公司知识转移绩效有正向影响；看门人社会网络的关系维度中，网络的信任对跨国公司知识转移绩效产生影响。假设看门人社会网络信任对跨国公司知识转移绩效有正向影响。看门人社会网络的认知维度中，假设看门人社会网络文化差异性对跨国公司知识转移绩效有负向影响；

根据前文的假设，本书将社会网络特性对知识转移绩效进行的回归，并设定如下的回归模型：

模型4：$KTP = A + b_1 \times 规模 + b_2 \times 年龄 + b_3 \times 行业 + b_4 \times 总部所在地 + b_5 \times RS + b_6 \times CP + b_7 \times ND + b_8 \times BC + e_1$

模型5：$KTP = A + b_1 \times 规模 + b_2 \times 年龄 + b_3 \times 行业 + b_4 \times 总部所在地 + b_5 \times C + e_2$

模型6：$KTP = A + b_1 \times 规模 + b_2 \times 年龄 + b_3 \times 行业 + b_4 \times 总部所在地 + b_5 \times CD + e_3$

这里的 RS 是看门人社会网络关系强度；CP 为看门人的网络中心位置；ND 为看门人社会网络密度；BC 为看门人的网络中介中心性；C 为信任；CD 为文化差异。

从表6–9中可以看出，各模型回归结果的 F 检验通过，说明3个模型总体的显著性水平都很高，总的来说自变量对因变量具有显著性影响。本书根据方差膨胀因子（variance inflation factor，VIF）方法进行多重共线性判断。当方差膨胀因子 VIF 小于 10 时，自变量的共线性不大，可以接受[①]。从表6–9中可以看出，模型1的 VIF 值都小于 10，因此，模型1的多重共线性可以排除。

从表6–9中可以看出，看门人社会网络关系强度对跨国公司知识转移有显著的正向影响。控制变量企业所属行业在5%的显著性水平下对跨国公司知识转移绩效产生正向影响。从其回归系数的显著性检验可知，T 值为1.910，T 值的概率为0.049 小于0.05 的显著性水平。因此，假设3：看门人社会网络关系强度对跨国公司知识转移绩效有正向影响得到了支持；看门人社会网络中心位置对跨国公司知识转移绩效有显著的正向影响。从其回归系数的显著性检验可知，T 值为3.123，T 值的伴随概率0.002 小于0.01 的显著性水平。因此，假设4：看门人社会网络中心位置对跨国公司知识转移绩效有正向影响得到检验的支持；看门人社会网络紧密度对跨国公司知识转移绩效无显著影响。从其回归系数的显著性检验可知，T 值为0.560，T 值的伴随概率0.576 大于0.05 的显著性水平。因此，假设5：看门人社会网络紧密度对跨国公司知识转移绩效有负向影响未得到检验的支持；看门人社会

---

① 引自：马庆国. 管理统计：数据获取，统计原理，SPSS 工具与应用研究 ［M］. 科学出版社，2002.

网络中介中心性对跨国公司知识转移绩效有显著的正向影响。从其回归系数的显著性检验可知，T 值为 3.441，T 值的伴随概率 0.001 小于 0.01 的显著性水平。因此，假设 6：看门人社会网络中介中心性对跨国公司知识转移绩效有正向影响得到检验的支持。

表 6-9　　　　社会网络结构维对跨国公司知识转移绩效的回归结果

因变量	变量	系数（β）		t 值	Sig	R^2/调整 R^2	F 值（sig）
KTP	规模	b_1	-0.096	-1.238	0.218	0.332/0.313	19.007 (0.000)
	年龄	b_2	0.105	1.309	0.193		
	行业	b_3	0.180**	2.497	0.014		
	总部	b_4	-0.008	-0.107	0.915		
	RS	b_5	0.175**	1.910	0.049		
	CP	b_6	0.260***	3.123	0.002		
	ND	b_7	0.048	0.560	0.576		
	BC	b_8	0.276***	3.441	0.001		

注：***、** 分别代表在1%和5%的水平下显著。

由表 6-10 可知，看门人社会网络的信任对跨国公司知识转移绩效具有显著正向影响。控制变量企业年龄和行业在1%的显著性水平下对跨国公司知识转移绩效产生正向影响。从其回归系数的显著性检验可知，T 值为 5.290，T 值的伴随概率 0 小于 0.01 的显著性水平。因此，假设 7：看门人社会网络信任对工作绩效有正向影响得到了检验的支持。

表 6-10　　　　社会网络关系维对跨国公司知识转移绩效的回归结果

因变量	变量	系数（β）		t 值	Sig	R^2/调整 R^2	F 值（sig）
KTP	规模	b_1	-0.109	-1.272	0.206	0.131/0.119	11.041 (0.000)
	年龄	b_2	0.265***	3.000	0.003		
	行业	b_3	0.221***	2.741	0.007		
	总部	b_4	-0.040	-0.499	0.619		
	C	b_5	0.409***	5.290	0.000		

注：***、** 分别代表在1%和5%的水平下显著。

由表 6 - 11 可知，看门人社会网络的文化差异对跨国公司知识转移绩效具有显著正向影响。从其回归系数为正，其显著性检验 T 值为 9.384，T 值的伴随概率 0 小于 0.01 的显著性水平。因此，假设 8：看门人社会网络文化异质性对跨国公司知识转移绩效有负向影响没有得到检验的支持。

表 6 - 11　　　　社会网络认知维对跨国公司知识转移绩效的回归结果

因变量	变量	系数（β）		t 值	Sig	R^2/调整 R^2	F 值（sig）
KTP	规模	b_1	- 0.109	- 1.491	0.138	0.333/0.329	73.937 (0.000)
	年龄	b_2	0.182 **	2.441	0.016		
	行业	b_3	0.257 ***	3.706	0.000		
	总部	b_4	- 0.016	- 0.222	0.825		
	CD	b_5	0.409 ***	9.384	0.000		

注：*** 、** 分别代表在 1% 和 5% 的水平下显著。

6.2.3　看门人角色对跨国公司知识转移绩效影响的检验

本书假设看门人角色对跨国公司知识转移产生影响。其中假设看门人知识获取角色对跨国公司知识转移绩效有正向影响；假设看门人知识整合角色对跨国公司知识转移绩效有正向影响；假设看门人知识扩散角色对跨国公司知识转移绩效有正向影响；假设看门人创建联系角色对跨国公司知识转移绩效有正向影响；根据前文的假设，本书将社会网络特性对知识转移绩效进行的回归，并设定如下的回归模型：

模型 7：$KTP = A + b_1 \times 规模 + b_2 \times 年龄 + b_3 \times 行业 + b_4 \times 总部所在地 + b_5 \times KC + b_6 \times KI + b_7 \times KD + b_8 \times CR + e_1$

这里的 KC 是看门人知识获取角色；KI 为看门人的知识整合角色；KD 为看门人知识扩散角色；CR 为看门人创建联系角色。从表 6 - 12 中可以看出，模型回归结果 F 检验通过，说明模型总体的显著性水平都很高，总的来说自变量对因变量具有显著性影响。各模型的 VIF 值都小于 10，因此，各模型的多重共线性可以排除。

由表 6 - 12 的模型可知，看门人角色对跨国公司知识转移绩效有显著
的正向影响。从表中的标准化回归系数可知，创建联系角色对跨国公司知
识转移绩效影响最大（标准化回归系数为 0.276），知识整合角色对跨国
公司知识转移绩效的影响次之（标准化回归系数为 0.234），知识获取角
色以及知识扩散角色对跨国公司知识转移绩效影响标准化回归系数分别为
0.186，0.176，回归结果在 5% 的显著性水平下显著。因此，假设 9：看
门人知识获取角色就好，其跨国公司知识转移绩效就越好。假设 10：看
门人知识整合角色越好，其跨国公司知识转移绩效就越好。假设 11：看
门人知识扩散角色越好，其跨国公司知识转移绩效越好。假设 12：看门
人创建联系越紧密，其跨国公司知识转移绩效就越好，假设均得到了检验
的支持。

表 6 - 12　　　　　　　看门人角色对知识转移绩效的回归结果

因变量	变量	系数（β）		t 值	Sig	R^2/调整 R^2	F 值（sig）
KTP	规模	b_1	-0.063	-0.797	0.427	0.320/0.301	17.072 (0.000)
	年龄	b_2	0.136	1.701	0.091		
	行业	b_3	0.182**	2.514	0.013		
	总部	b_4	-0.008	-0.115	0.909		
	KC	b_5	0.186***	2.386	0.01		
	KI	b_6	0.234***	3.123	0.001		
	KD	b_7	0.176**	2.260	0.02		
	CR	b_8	0.276***	3.441	0.001		

注：***、** 分别代表在 1% 和 5% 的水平下显著。

6.2.4　看门人角色的中介效应检验

根据巴伦和肯尼（Baron & KenLny，1986）所提出的中介作用的检验程
序，考虑自变量 X 对因变量 Y 的影响，如果 X 通过影响变量 M 来影响 Y，
则称 M 为中介变量。传统的做法是依次检验回归系数。某因素成为中介变
量必须满足以下几个条件：①用因变量对自变量和中介变量分别回归，回归

系数（c）要通过显著性检验；②用中介变量对自变量回归，回归系数（a）要通过显著性检验；③用因变量对自变量和中介变量同时回归，若中介变量回归系数（b）显著，此时，若自变量的回归系数（c′）显著降低，但仍是统计显著的，表明中介变量起了部分中介作用，若自变量的回归系数变得不显著，表明中介变量起了全部中介作用。如果回归系数 a、b 至少有一个显著，要进行 sobel 检验，如果统计量 Z 显著，则有中介作用，否则中介作用不显著。检验流程如图 6 - 7 所示。

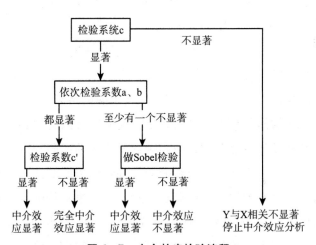

图 6 - 7　中介效应检验流程

资料来源：温忠麟、侯杰泰、张雷. 调节效应与中介效应的比较和应用［J］. 心理学报2005，37（2）：268 - 24.

图 6 - 7 的检验程序包含了 Sobel 检验，检验统计量是：$z = ab/s_{ab}$

其中：$\hat{a}$，$\hat{b}$ 分别是 a，b 的估计，$s_{ab} = \sqrt{\hat{a}^2 s_b^2 + \hat{b}^2 s_a^2}$，$s_a$，$s_b$ 分别是 $\hat{a}$，$\hat{b}$ 的标准误差。

1. 看门人角色对知识来源的中介作用

根据温忠麟、侯杰泰、张雷（2005）所提出的中介作用的检验流程，本书以检验知识来源为例，设定如下 6 个检验中介作用的回归模型，在检验看门人社会网络的中介作用时，只需把相应模型中的知识来源变量替换为相应的待检测自变量即可。

模型8：$KTP = A + b_1 \times 规模 + b_2 \times 年龄 + b_3 \times 行业 + b_4 \times 总部所在地 + b_5 \times KD + b_6 \times KD \times KC + b_7 \times KC + + b_8 \times GR + e_1$，其中 GR 为知识转移角色。

模型9：$KTP = A + b_1 \times 规模 + b_2 \times 年龄 + b_3 \times 行业 + b_4 \times 总部所在地 + b_5 \times GR + e_2$

模型10：$GR = A + b_1 \times 教育背景 + b_2 \times 经历 + b_3 \times 岗位 + e_5$；其中教育背景、经历和岗位是看门人的控制变量。

模型11：$GR = A + b_1 \times 教育背景 + b_2 \times 经历 + b_3 \times 岗位 + b_4 \times KD + b_5 \times KC + b_6 \times KD \times KC + e_6$；

其中教育背景、经历和岗位是看门人角色的控制变量。

从表6-13的回归结果中可以看出，模型1跨国公司年龄、行业对跨国公司知识转移绩效有显著的正向影响。模型3的回归分析在上一节的知识来源对跨国公司知识转移绩效影响的直接效应中已经证明，各回归系数显著。同时，模型8的回归分析显示，看门人角色对跨国公司知识转移绩效也有显著的正向影响。模型10、模型11的回归结果显示，教育背景、经历和职位对看门人角色具有正向的显著影响。知识一致性调节知识异质性对看门人角色发挥的负向调节作用显著。当在模型9中把这四类变量同时放入方程时，知识一致性对知识异质性对跨国公司知识转移绩效仍有显著调节作用。但是，各指标准化回归系数与模型3中的系数相比均有所降低，这表明看门人角色在知识异质性、知识一致性对跨国公司知识转移绩效的影响中起了部分中介作用。因此，假设13：看门人角色在知识异质性对跨国公司知识转移绩效影响中起部分中介作用，假设14：看门人角色在知识一致性对跨国公司知识转移绩效的影响中起部分中介作用都得到检验的支持。

表6–13 知识来源、看门人角色与知识转移绩效回归结果

变量	知识转移绩效			看门人角色		
	模型 1	模型 3	模型 8	模型 9	模型 10	模型 11
企业控制变量：						
规模	− 0.97	− 0.028	− 0.12 *	− 0.121 *		
年龄	0.189 **	0.122 **	0.159 **	0.155 **		
行业	0.153 *	0.213 ***	0.18 **	− 0.020		
总部	− 0.047	− 0.053	− 0.013	0.188 ***		
看门人控制变量：						
教育背景				0.151 **	0.192 **	0.124 **
经历				− 0.008	0.180 **	0.146 **
岗位				0.053	0.156 **	0.035
自变量：						
知识来源						
KD		1.091 ***		0.953 ***		0.238 ***
KC		1.197 ***		1.071 ***		0.319 ***
KD × KC		− 1.570 ***		− 1.520 ***		
中介变量：						
看门人角色			0.565 ***	0.338 ***		
R^2		0.394	0.360	0.496		0.329
调整 R^2		0.381	0.338	0.456		0.306
F 值		31.582	16.232	12.335		14.227

注： *** 、 ** 分别代表在1%和5%的水平下显著。

2. 看门人角色对看门人社会网络的中介作用

上节对社会网络的各指标对跨国公司知识转移绩效的直接影响已经进行了验证，除网络密度外，其他变量对跨国公司知识转移绩效均有显著影响。由于网络密度的直接效应不显著，因此，看门人角色在网络密度对跨国公司知识转移绩效的影响中的中介效应不显著。因此，假设17未得到支持。本节根据前文的检验程序和直接效应的验证结果，排除网络密度后，标准化系数 c 显著，因此进行如下模型的设定。

模型 12：KTP = A + b_1 × 规模 + b_2 × 年龄 + b_3 × 行业 + b_4 × 总部所在地 +

$b_5 \times RS + b_6 \times CP + b_7 \times BC + b_8 \times GR + e_1$

模型13：$KTP = A + b_1 \times 规模 + b_2 \times 年龄 + b_3 \times 行业 + b_4 \times 总部所在地 + b_5 \times CD + b_6 \times GR + e_2$

模型14：$KTP = A + b_1 \times 规模 + b_2 \times 年龄 + b_3 \times 行业 + b_4 \times 总部所在地 + b_5 \times C + b_6 \times GR + e_3$

模型15：$GR = A + b_1 \times 教育背景 + b_2 \times 经历 + b_3 \times 岗位 + b_4 \times RS + b_5 \times CP + b_6 \times BC + e_4$

模型16：$GR = A + b_1 \times 教育背景 + b_2 \times 经历 + b_3 \times 岗位 + b_4 \times C + e_5$

模型17：$GR = A + b_1 \times 教育背景 + b_2 \times 经历 + b_3 \times 岗位 + b_5 \times CD + e_6$

从表6-14中的模型15、模型16和模型17中可以看出，看门人社会网络的结构维、关系维以及认知维均对看门人角色产生正向显著影响。关系强度在5%的置信水平下对看门人角色影响显著。中介中心性、中心位置、文化差异、信任在1%的置信水平下对看门人角色产生显著影响。根据上述的中介效应检测程序，标准化系数a显著。从模型12、模型13和模型14中可以看出，看门人角色对知识转移绩效的标准化系数（b）显著。而在模型12、模型13和模型14中关系强度、中心位置、文化差异和信任对知识转移绩效的标准化系数（c′）与直接效应的标准化系数（c）相比都明显减低，因此说明看门人角色在关系强度、中心位置、文化差异、信任对跨国公司知识转移绩效的影响中起到部分中介的作用。而中介中心性的标准化系数不显著，说明看门人角色在中介中心性对跨国公司的知识转移绩效的影响中起到完全中介的作用。据此，假设15、假设16、假设18、假设19、假设20均得到了支持。

表6-14　看门人社会网络、看门人角色与知识转移绩效回归结果

变量	知识转移绩效			看门人角色		
	模型12	模型13	模型14	模型15	模型16	模型17
企业控制变量：						
规模	-0.134*	-0.161**	-0.14*			
年龄	0.128*	0.184***	0.203**			
行业	0.010	0.027	0.002			

续表

变量	知识转移绩效			看门人角色		
	模型 12	模型 13	模型 14	模型 15	模型 16	模型 17
总部	0.154 **	0.235 ***	0.199 ***			
看门人控制变量:						
教育背景	0.150 **	0.129 **	0.142 **	0.041	0.157 **	0.095
经历	0.085	−0.026	−0.036	0.161 ***	0.123 *	0.172 **
岗位	0.051	0.042	0.065	0.084	0.081	0.130 *
自变量:						
结构维						
关系强度	0.145 *			0.128 **		
中心位置	0.195 **			0.286 ***		
中介中心性	0.118			0.409 ***		
认知维						
文化差异		0.440 ***			0.475 ***	
关系维						
信任			0.173 **			0.306 ***
中介变量:						
看门人角色	0.344 ***	0.360 ***	0.487 ***			
R^2	0.460	0.521	0.412	0.465	0.309	0.245
调整 R^2	0.417	0.419	0.370	0.442	0.209	0.219
F 值	10.671	16.944	9.742	20.836	16.220	9.411

注: ***、** 分别代表在1%和5%的水平下显著。

6.2.5　看门人角色四维度之间的关系

从表6-15中可以看出，看门人角色的四个维度创建联系、知识获取、知识整合和知识扩散高度相关。其中，创建联系与知识获取相关系数为 0.837（$p < 0.01$），说明联系创建的越好，知识获取就越好；创建联系与知识整合的相关系数 0.436（$p < 0.01$），说明联系创建的越好，知识整合就越好；创建联系与知识扩散的相关系数为 0.786（$p < 0.01$），说明联系创建的越好，知识扩散就越好。因此，假设21：看门人联系创建的越好，知识获

取就越好；假设 22：看门人联系创建的越好，知识整合就越好；假设 23：看门人联系创建的越好，知识整合就越好，三个假设均得到验证的支持。

表 6-15 看门人角色四维度相关系数检验表

		创建联系	知识获取	知识整合	知识扩散
创建联系	Pearson 相关性	1	0.837 **	0.436 **	0.786 **
	显著性（双侧）		0.000	0.000	0.000
知识获取	Pearson 相关性	0.837 **	1	0.705 **	0.473 **
	显著性（双侧）	0.000		0.000	0.000
知识整合	Pearson 相关性	0.436 **	0.705 **	1	0.750 **
	显著性（双侧）	0.000	0.000		0.000
创建扩散	Pearson 相关性	0.786 **	0.473 **	0.750 **	1
	显著性（双侧）	0.000	0.000	0.000	

注：** 代表在 1% 的显著性水平（双侧）上显著相关。

6.3 研究结果

本章在数据分析的基础上，对模型中提出的假设进行了实证检验。假设及其验证的结果列于表 6-16 中。实证结果表明除了假设 5：网络密度对跨国公司知识转移绩效具有负向影响，假设 8：文化差异对跨国公司知识转移绩效产生负向影响以及假设 17：看门人角色在看门人社会网络密度对跨国公司知识转移绩效影响中起中介作用没有得到实证研究的支持外，其假设都得到了实证研究的有力支持。对实证分析过程中获得的统计结果，将在下一章节从理论上进一步讨论。

表 6-16 假设检验汇总结果

序号	假设	验证结果
假设 1	知识异质性与跨国公司知识转移绩效之间呈倒 U 型曲线的关系	支持
假设 2	知识一致性抑制知识异质性对跨国公司知识转移绩效的影响	支持

续表

序号	假设	验证结果
假设3	关系强度对跨国公司知识转移绩效具有正向影响	支持
假设4	中心位置对跨国公司知识转移绩效具有正向影响	支持
假设5	网络密度对跨国公司知识转移绩效具有负向影响	不支持
假设6	中介中心性对跨国公司知识转移绩效具有负向影响	支持
假设7	信任对跨国公司知识转移绩效产生正向影响	支持
假设8	文化差异对跨国公司知识转移绩效产生负向影响	不支持
假设9	看门人创建联系角色对跨国公司知识转移绩效产生正向影响	支持
假设10	看门人知识获取角色对跨国公司知识转移绩效产生正向影响	支持
假设11	看门人知识整合角色对跨国公司知识转移绩效产生正向影响	支持
假设12	看门人知识扩散角色对跨国公司知识转移绩效产生正向影响	支持
假设13	看门人角色在知识异质性对跨国公司知识转移绩效的影响中起到中介作用	支持
假设14	看门人角色在知识一致性对跨国公司知识转移绩效的影响中起到中介作用	支持
假设15	看门人角色在关系强度对跨国公司知识转移绩效的影响中起到中介作用	支持
假设16	看门人角色在中心位置对跨国公司知识转移绩效的影响中起到中介作用	支持
假设17	看门人角色在网络密度对跨国公司知识转移绩效的影响中起到中介作用	不支持
假设18	看门人角色在文化差异对跨国公司知识转移绩效的影响中起到中介作用	支持
假设19	看门人角色在中介中心性对跨国公司知识转移绩效的影响中起到中介作用	支持
假设20	看门人角色在信任对跨国公司知识转移绩效的影响中起到中介作用	支持
假设21	联系创建越好，知识获取就越好	支持
假设22	联系创建越好，知识整合就越好	支持
假设23	联系创建越好，知识扩散就越好	支持

第7章

看门人视角下跨国公司知识转移
绩效影响因素的综合分析

7.1　知识来源对跨国公司知识转移绩效的影响

从第 6 章的回归结果可以看出，假设 1 和假设 2 都得到了验证。因此本书发现跨国公司知识的异质性和一致性来源会对知识转移绩效产生影响。假设 1 的验证得到支持，说明知识多样性（异质性）与跨国公司知识转移绩效之间存在倒"U"型曲线关系。亚明和奥拓（M Yamin & Juliet Otto，2003）认为虽然跨国公司内部知识流动被认为是拓宽知识创新结果的重要机制，如果一些跨国公司想通过可持续的方式发展自己独特的潜能，那么这样的知识流动会对这些跨国公司是有益的。安德森和福斯格伦（Andersson & Forsgren，1996）认为在跨国公司子公司能力发展的过程中，外部关系起到重要的作用。外部关系的一个重要特点是具有异质性，它不但包括商业关系机构而且也包括非商业关系机构，例如大学和其他研究机构。跨国公司可以积极利用东道国多样化知识增加创新能力，因此东道国多样化知识对跨国公司创新绩效产生正向影响。跨国公司作为一个地理分散、能力异质性的差异化机构与知识的异质性相关。在一种不确定的知识基础环境下，多样化的背景为跨国公司提供了一个更加强大的知识基础库。研发密集型企业尤其需要更广泛的专业技能和多样化的知识，这些广泛的专业化技能和多样化知识通常已经超出了本公司的能力范畴（Tijssen，2001）。过度关注纯粹的内部活动将会减少多样化，因此跨国公司应该通过结合各种本地或国际化知识丰富自己的知识库。

知识异质性来源会增强知识整合程度的多样化视角，增强创新。当创造力成为一个情境的必要结果时，知识多样性与创造力的关系是最密切的（Shinetal，2012）。当组织中成员所接收的信息不同时，每个团队成员所提出的意见也不同，此时组织会产生一种增加更优解决方案的机会（Brodbeck et al.，2002）。所获取的外部知识的知识异质性在某种程度上可以刺激组织成员不同观点和想法的结合和重构，从而产生更多新的思想和创造结果（Tesluk，Fair & Klein，1997）。通常，多样化的知识基础为团队带来广泛的研究视角（Milliken，Bartel & Kurtzberg，2003），增加组织的认知资源，使成员能够结合具备不同知识、技能、思维风格和视角的他人信息与观点。技术的多样化能够增强公司内部创造力，因此，突破式创新需要更多多样化知识的出现（Fleming，2002）。

然而，多样化知识的批评者们认为，过多多样化知识的结合对专业化程度的深化是不利的（Henderson et al.，1996）。科恩和利文索尔（Cohen & Levinthal，1990）认为公司为了更高的创新需要广泛的深度学习，这种深度学习需要较少的多样化知识。尽管知识的多样性能够有益于知识创新，但由于接收方知识接受能力的不同，知识的多样化程度会对知识转移绩效产生负向影响。费尔普斯（Phelps，2010）认为外部知识的多样性有利于企业的探索性创新，但外部网络知识的多样性也具有相当高的成本。外部网络知识多样性的增加能够促进组织获取知识的新颖程度。然而，知识的多样性也会对企业的相对吸收能力产生负面影响。随着合作伙伴之间技术距离的增加，企业识别、吸收和应用联盟伙伴的知识能力下降（Lane & Lubatkin，1998）。因此，知识接收方所接收的知识多样化程度在很大程度上由于自身的吸收能力所决定。由于吸收能力的增加需要一个漫长的过程，当对所接收的知识无法吸收或无法与现存知识相结合产生更多的新想法时，知识的多样化会削弱知识转移绩效。而较大的知识不一致性则会增加知识转移的难度，因为转移同等知识需要花费的精力会更多，持续的时间会更长。正如哈梅尔（Hamel，1991）认为，知识提供者与知识接收者双方的知识距离或知识落差（knowledge gap）过大会导致学习步骤明显增多，知识转移的难度加大。周密（2015）认为知识距离和知识转移容易性负相关。周浩军（2011）认为网络多样性与创新绩效之间存在倒"U"型曲线关系，这与本书的结论一致。

假设2显示跨国公司知识一致性来源负向调节知识异质性对跨国公司知识转移绩效的影响。福斯（Foss，2003、2001、2013）认为来源于跨国公司外部的知识具有多样性，而来源于内部的知识具有一致性。卡明和藤（Cumming & Teng，2003）将知识发送者与知识接收者拥有知识的不一致性程度定义为知识距离。从花费时间和精力去获得和理解知识方面来讲，知识转移对知识接收者意味着一种成本。如果知识转移主体之间的知识一致性较大，他们就会有较为相似的语言体系，沟通起来就比较顺畅；知识的一致性意味转移双方之间拥有较多的共同知识，这就能够提高知识接收者的相对吸收能力，从而更容易理解和获得新知识。然而过多的一致性知识会增加知识的冗余性。福斯（Foss，2013）通过实证研究证明，中度的知识相似性能更有效地促进知识转移绩效。在中等水平下，外部知识与内部知识的结合对知识转移绩效更有效。如果跨国公司的知识与其他子公司或合作伙伴之间的知识太相似，以至于更多冗余知识的出现会抑制知识转移，减少潜在创新能力。本书的实证结果发现，高度的知识一致性程度削弱了知识异质性对知识转移绩效的影响。

7.2 看门人社会网络对跨国公司知识转移绩效的影响

假设3得到验证，说明看门人社会网络的关系强度能够促进跨国公司知识转移的绩效。社会网络的研究者已经证明无论是强关系还是弱关系都会对知识获取产生影响。尽管支持弱关系的研究者们与强关系的研究们持有相反的意见。但是，研究证据表明网络关系的强度会导致更大的知识转换（Ghoshal et al.，1994；Hansen，1999；Szulanski，1996；Uzzi，1996，1997）。与弱关系相比，强关系对有用知识的接受更有用（Daniel Z. Levin & Rob Cross，2004）。网络中的强关系是形成信任的基础，对知识转移有益（Larson，1992）。组织在与合作伙伴频繁的知识交流和转移过程中，双方共同的技术范式被形成（王晓娟，2007）。在共同技术范式的指导下，合作伙伴之间会形成较强的互动关系，这种强关系能够降低组织之间的交易成本。冈村（Okamuro，2007）认为网络内的强关系可以降低交易成本，同时能够促进合作伙伴之间学习文化的趋同性，提升知识接收方的吸收能力，进而促进知识转移绩效。强关系以相互信任为基础，减少外部知识整合过程可能出现的敌对与封闭情况，至此有利于降低外部整合成本（Clark & Iansiti，1994）。潘文安（2012）从供应链知识的整合角度出发，认为强连接关系有利于供应链知识的整合。谢洪明等（2012）通过实证研究证明，网络的强关系对企业技术创新产生正向影响。这些研究结论都充分证明，组织技术创新业务活动已经深深嵌入到企业网络之中。看门人社会网络也具有社会网络的特性，看门人社会网络中的关系强度也会对知识转移绩效产生正向影响。因为看门人所处网络中的强关系会使网络中的交互伙伴对参与交换的知识代理人（看门人）更加信任，在此基础上，更容易将知识传递给看门人。

本书认为看门人在网络中的中心位置影响跨国公司知识转移绩效，并提出了假设4。假设4假定中心位置对跨国公司知识转移绩效具有正向影响通过了验证。这一结果可以解释跨国公司看门人在网络中的中心位置往往也是信息（包括知识）的中心，看门人不仅能获得多与他人的知识，其个人在网络中心位置的权利也能为更多人接触、获取知识提供机会，并且能够更好地促进周围人对知识的认知和认可。看门人所处网络位置的优势，可以更容易获取东道国网络中的信息，并通过整合将所获取知识向本组织转移。从组织的层面出发，一个在组织内部占据着中心位置的业务单元会获得在市场上的竞争优势，因为它能广泛地接触和控制其他业务单元的知识。泰森

（Tsai，2001）发现在组织内部网络中业务单元中心性与组织创新能力之间具有一种重要的、正向的关系，尽管他没能发现支持中心性和绩效之间的关系，但泰森（2001）还是认为处在中心位置的业务单元维持与其他业务单元之间复杂的关系，以此增加形成新组织内部关系的倾向。这些影响会修改现存社会结构并为有效知识转换产生新的机会。

看门人社会网络作为一个知识分享或共享的平台，其本质为拥有异质性知识的看门人社会网络中各行为主体将所拥有的知识投入这个平台之中，网络内的所有行为人可以根据自己的需要从这个共享平台中获取知识，完成组织的目标。由于组织之间实力的差异，不同组织的看门人在网络中的中心位置（度中心性）具有差异性。如果看门人所处的网络中心位置越高，说明其在该网络中是一个核心看门人，网络中的其他行为人或知识转移主体都将会围绕着核心看门人进行知识共享业务活动，知识在各行为主体之间或网络中广泛传播。顾丽敏和段光（2014）证明了在网络中心位置高的组织通常会产生深度知识的共享，而很少进行多样化知识的共享，即很少进行广度知识的共享。这也进一步证明了本书的结论。而具有广度知识共享的假设在假设6中得到证实。

假设5设定网络密度对跨国公司知识转移绩效具有负向影响，假设没有得到验证。首先从组织内部的视角出发讨论这一假设未得到支持的原因。组织外部网络的结构洞对于组织获取新知识具有较高的益处。然而在组织内部，具有大量结构洞的稀疏网络关系会预示知识没有被有效共享或者没有在全公司范围内被有效利用（Leana & Van Buren，1999）。组织内部的稀疏网络预示着一个支离破碎的组织无法有效地朝着一个共同的目标运转。然而目标的不一致，跨业务单元的专业知识的整合以及现存知识与所获得新知识的结合就会存在问题（Grant，1996）。一些在组织内部层面的研究发现，具有内部适度连接的、与其他组织的正式领导有桥介关系的，以及企业单位内部的高密度以及广泛与外部接触的高绩效工作团队能够更快地完成项目目标（Reagans et al.，2004）。然而，如果在组织内部许多看门人之间有断裂的关系、大量的结构洞以及社会闭合的缺乏都会危机组织的稳定性。然后，组织开始失去作为一个连接整体的身份。看门人之间断裂的关系，意味着组织内部各部门之间信息流动的停滞或各部门之间真正意义上的"围墙"存在，这种状态不利于组织整体目标的实现。在组织内部中介业务的个人利益对整个组织产生负向影响。相反，网络密度和结构洞的缺乏提供了社会资本的一致性利益，促使组织集体目标的实现（Adler & Kwon，2002）。在团队层面上，加贝和扎克曼（Gabbay & Zuckerman，1998）认为通过个体科学家所产生的过多中介行为阻碍了企业的创新。因此，在组织内部的结构洞削弱了组织内部的交流和合作，从而削弱了整个公司扩散从外部网络获得的知识的能力。

从组织的外部视角出发，网络密度能够培养组织的认同和相互信任，有利于知识转换和集体行动的产生（Reagans & Zuckerman，2001）。此外，在组织的知识网络中间接关系的路径越短（例如，网络越密集），从其他业务单元获取的知识就越多（Hansen，2002）。密集的网络关系不但能减少搜索的时间和成本，而且也能提高知识和信息资源的利用程度。波特（2000）认为组织密集的关系能够提供更多可靠的交流渠道，这些交流渠道能够迅速地通过来自多方资源的大量知识补充给业务单元。组织内部密集的网络允许更有效和更充足的知识转移，无论是显性或隐性知识。与组织间网络冗余关系无效性的对比之下，组织内部冗余关系的维持和发展超过其成本。对于后者来说，有效接触多样化信息是不那么重要的，由于相似关系的数量能够提高信息转移的速度和便利性。反过来，组织内部冗余关系能够促使业务单元从内部的合作伙伴中访问资源和知识，并且在全组织内部扩散知识。因此本书认为假设未得到支持的原因可能在于，分析网络密度对知识转移绩效的影响应该分别从组织内外部的视角出发，分析网络密度在组织外部网络和组织内部网络中对知识转移绩效产生的不同影响，或者将二者有机的结合，进一步分析网络密度对知识转移的影响，这将是本书研究未来要探讨的方向。

假设 6 假定看门人社会网络的中介中心性对跨国公司知识转移绩效产生正向影响。就看门人社会网络整体而言，具有高中介中心性的看门人在网络中处在信息通道的要塞位置，看门人有更多的机获取所需要的信息，与此同时，看门人与其他行为主体之间不断的交互，进而增加交互双方知识的共享，从而产生新思想和新知识，看门人将所获取的新思想和新知识向本组织内目标成员进行扩散，促进本组织的创新。跨国公司处在东道国网络之中的高中介中心性意味着东道国网络中存在着较多的结构洞，如果跨国公司看门人在网络中占据着中介中心位置，那么该跨国公司的看门人是知识网络中转移的中介和桥梁。看门人所具有的高中介中心性会控制和影响网络内的知识转移方向。看门人接收来自网络各个方向多样化的知识，知识的传播与扩散呈现星型结构，即网络中大部分节点都与核心节点连接，而部分节点之间互不联系。在高中介中心性的网络中，往往会有一个或几个制约着整个网络中知识转移的节点（组织、个人），这些节点（组织、个人）被看作是整个网络的核心节点。然而，与假设 4 的中心位置（度中心性）的区别在于，处在中介中心位置的企业与处在中心位置的企业，从规模上来说，处在中心位置的企业通常规模是最大的，这些核心企业（大企业）通过影响力来控制其他合作伙伴的知识共享行为。而处在中介中心位置的企业不一定规模是最大的，也不是通过其影响力来控制其他合作伙伴的知识共享行为，中介中心位置企业通常通过控制信息流动的能力来影响整个网络的知识共享行为。第 3 章的模拟结果也可以看出，中介中心性与其他中心性指标相比对信息流动的反应更加敏感，这也说明处在中介中心位置的看门人通过控制信息流动影响整个网络的信息动力。如果看门人一旦成为信息传递的中间人，他在网络中就占据了中心位置。此时看门人就成了行为者之间信息传递的咽喉要道，对信息流通起到重要的作用。处在该节点的看门人成为网络中的关键节点，获取异质性知识的优势会不断激发他们为了持续保持这样的中心位置而进行持续的创新，为了预防其他成员的效仿，会采用突破式创新，以便其他成员无法与之竞争，而一直保持这个中介中心位置的优势。因此，与假设 4 相比，节点在网络中的中介中心位置越高，就越有利于更广阔知识的共享。认为网络中存在着若干个被视为桥梁或纽带的节点（企业，机构或个人），这些节点促进了集群内部的信息交流和知识共享，不断拓宽知识多样化的维度，进而拓宽知识的宽度（March，1991）。

　　顾丽敏和段光（2014）认为处在网络中介中心位置的企业，知识共享意愿会影响知识转移效果。处在网络中介中心位置的节点会利用所处的有利优势，结合其本身的偏好、利益或其他因素，对知识转移进行控制，不轻易把他们认为有价值的信息或知识传播出去，从而网络内部的结构洞就会出现，致使产生更多的机会成本，结构洞的存在会影响到其他成员的学习与知识共享效果。相反，如果中介中心位置的节点有较强烈的共享意愿，这种意愿无论是自身的需要还是一种习惯，都会促使他们积极发挥中介中心位置的优势，积极促进不同成员企业之间的知识共享。同样，处在网络中的中介位置的看门人如果没有知识共享的意愿，为了自身的利益，加强对知识转移的控制，阻止信息的扩散，此时整个网络中的信息流动出现停滞或流动不畅，影响知识共享的效果。科恩和利文索尔（Cohen & Levinthal，1990）从集群网络知识共享的视角出发，通过实证研究证明，中介中心性影响集群知识共享效果。集群网络中介中心性会促进集群网络知识的广度共享，但是会阻碍集群深度知识共享效果。这一研究结论与处在中介中心位置上的节点能够获得多样化知识的研究结论相一致。而多样化知识又不利于深度学习，这种深度学习需要较少的多样化知识。本书从知识共享的广度出发，中介中心性如何获取多样化知识的视角，提出研究假设，因此结合知识广度和宽度共享的讨论，本书认为看门人的中介中心性能够促进知识共享。

　　假设 7 看门人网络关系维的信任对跨国公司知识转移绩效起到正向的影响。这有力地支持了信任是影响跨国公司知识转移绩效的重要因素。跨国公司情景扩大了信任的重要性，因为与合作伙伴之间建立信任关系可以跨越地理、文化和语言的障碍（Mäkelä，Kalla & Piekkari，2007）。看门人通过个人层面所增加的信任基础也可以跨越这些障碍。在看门人的关系中信任驱动的关键因素是经验分享和交互强度。信任增强的机制是看门人工作的一种典型结果，看门人与东道国同事在紧密的物理环境中以及每天的面对面交流中工作，不断增进了解，增强信任。跨国公司看门人通过频繁的互动和地理的相似性形成一种跨边界关系。信任就在跨边界关系中强有力地建立起来，并跨越文化、地理和语言的重重障碍后在跨国公司内部形成。但是，看门人关系与距离关系、跨边界关系相比具有多元特点。所谓多元性是指一个关系内的多种内容，例如一起工作、一起打高尔夫或者参加同一个宴会等（Monge & Contractor，2003）。在看门人关系中多元性的关键驱动是在任务完成中物理的相似性，你可以从个人层面或专业层面更好地了解你的同事，无论你是不是他的朋友。这种多元关系所建立的强关系更容易驱动知识的共享（Krackhardt，1992）。克里斯蒂纳（2007）通过对侨民案例的实证研究发现，与其他简单的跨边界关系相比，侨民（看门人的一种类型）关系具有多种典型特点，第一，它比其他简单跨边界关系相比更丰富，更长期，并能创建更多的知识分享机会。同时，这些关系对于跨越新的业务部门具有更高的多元化影响，更高的传播关系。第二，侨民关系具有更高的信任水平，通过分享经验，地理相似性和面对面互动驱动信任的形成，有利于知识转移。简兆权、刘荣、招丽珠（2010）通过实证研究证明企业间的信任程度越高，则知识共享的程度越高。吴翠花、李慧、张雁敏（2012）认为联盟网络中的信任水平越高，越有助于个体知识创造的活跃程度。

假设8认为看门人所处网络的文化差异性对跨国公司知识转移产生负向影响，该假设未得到支持。原因可能在于，看门人所具有的环境适应性能力及高智力资本，使其在跨文化知识转移的过程中，能够较灵活适应环境而进行知识转移。文化主要涉及与某种特定文化相联系的社会边界的识别问题。法律的、政治的、民族的、地理的和其他的特征都有助于塑造一种文化模式。这些特征所塑造的文化边界常常是超越国家边界的。外国产品的输入也会对本国社会文化产生外部的影响，但是这种影响与那些现代跨国公司（MNCs）的整合效应比起来显得有些相形见绌。私营国际公司会带来一种与传统社会规范与众不同的文化气质，特别是显著不同于非西方社会的文化气质。跨国公司（MNCs）的企业文化主要关注效率和生产率，同时强调与个人财产和财富获取相关的个人价值，公司的绩效通过以货币为基础的盈利能力来衡量。跨国公司（MNCs）的有奖销售和管理技能在市场经济体制下得以展现。鉴于跨国公司（MNCs）与国际资源相关的广泛网络，他们有本地企业不能利用的选择权和有力杠杆，通过外国公司传递具有更大影响力的运作模式和价值。这些规范通过直接雇员、供应商、顾客、竞争模仿和其他相关的乘数效应在东道国社会广泛的扩散。

文化差异对于跨国公司来说，同时存在"外来者劣势（Zaheer）"和"外来者优势（Evans & Mavondo）"两种学说。承认外来者劣势的研究者认为，跨国企业相对于东道国本地企业而言存在"外来者劣势"的特点，因此在其他因素相同的情况下，MNCs 的获利率与生存率较之东道国本地企业都要低。文化差异对 MNCs 在东道国本地网络中进行知识转移也存在这种"外来者劣势"，对跨国公司知识转移绩效产生负面影响。对于跨国公司看门人来说，看门人在进行知识转移时会对跨国陌生环境产生感知与交流的障碍。如果文化距离较大时，跨国公司看门人在获取东道国网络知识时就会出现难以跨越的障碍，以致降低跨国公司知识转移绩效。此外，较大的文化差异会使看门人付出更多的信息解释成本，由于沟通的不畅，会导致转移双方行为人的误解，增加知识转移成本。而认为"外来者收益"的研究者们认为文化差异会产生交互双方认知上的差异，或认知上的新鲜感，有益于双方优势的开发，为 MNCs 开发利用本企业特有优势提供特殊途径。梅西亚和帕利希（Gomez – Mejia & Palich，1997）也指出，不同文化之间的产异性和碰撞可以激发组织创造性思维，具备不同文化背景的员工一起工作有利于探索性组织能力的培养和形成。叶桥（2012）结合"外来者劣势"和"外来者收益"两种观点提出了文化距离和跨国联盟之间知识转移的关系图，如图 7 – 1 所示。从图 7 – 1 中可以看出，"外来者劣势"和"外来者收益"对于跨国公司进入东道国市场会同时存在，在跨国公司刚进入东道国市场时，由于对环境的陌生需要适应一段时间，由于文化距离的存在，"外来者劣势"所阻碍的知识转移量大于"外来者收益"所产生的知识转移量。随着与环境的适应的增强"外来者收益"所产生的知识转移量大于"外来者劣势"所阻碍的知识转移量，出现跨国公司知识转移量增加。但是"外来者收益"会随着文化距离的增加而产生的知识转移量趋于稳定，但外来者劣势随着文化距离增加所产生的知识转移量会逐渐下降，因此随着文化距离的进一步加大，由于"外来者收益"和"外来者劣势"所造成的知识转移量会不断减少。

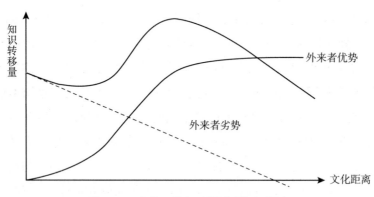

图 7 - 1　文化距离与跨国联盟知识转移

资料来源：叶娇，原毅军，张荣佳. 文化差异视角的跨国技术联盟知识转移研究——于系统动力学的建模与仿真 [J]. 科学学研究，2012，30（4）：557 - 565.

　　莱尔和索尔克（Lyles & Salk，1996）、西蒙（1999）的实证结果显示文化距离对知识的模糊性不产生影响，古普塔和文德瑞亚（Gupta & Govindarajan，2000）的研究显示子公司接收从公司总部的知识流入时并没有文化上的差异性。杰森和苏兰卡（Jensen & Szulansk，2004）对跨国企业实践的适应性研究，同样也没有得到文化距离对跨国界知识的转移产生影响的证据。于鹏（2010）的实证研究却显示：文化距离对四种知识转移类型（子公司向母公司的知识流出、于公司向其他子公司的知识流出、子公司接受母公司的知识流入、子公司接受其他子公司的知识流入）影响均不显著。然而，也有一些研究得出了与上述不一致的结论，杰森和苏兰卡（2004）通过引入"不恰当适应性调整"（inappropriate adaptation）这一概念分析了知识管理实践过程中的适应性调整，实际上降低了知识转移的有效性。奇尼等（Schlegelmich & Chini，2003）、王清晓和杨忠（2005）的研究结果均显示文化差异性对跨国公司内部知识转移产生负向影响。因此，本书的假设未得到支持的可能原因在于，看门人社会网络的文化差异与知识转移之间可能存在复杂的曲线关系，并非所假设的那种单纯的负向关系。

7.3　看门人角色对跨国公司知识转移绩效的影响

假设9、假设10、假设11和假设12认为看门人的知识获取、知识整合、知识扩散以及创建联系角色对跨国公司知识转移绩效产生正向影响。回归结果显示作为知识转移促进者的看门人使知识跨组织边界流动，换句话说，看门人跨边界获取知识，依照他们目标的特点调整信息减少两个团体之间的认知距离（Cillo，2005）。沃德等（Ward，V.，S. Smith，A. House et S. Hamer，2012）认为看门人积极促进在不同团体之间的知识转换，通过从事诸如信息管理（收集信息、分享信息和打包信息）、连接（促进不同团体之间的交流）、能力发展（从知识转化过程中学习，确保可持续性）等业务活动促进知识转移。因此，看门人作为知识转移的促进者不仅要从事对知识的探索、转化和传播，而且要建立互不相关的团体之间的联系，同时具有在本组织中分享知识的能力。

随着全球化水平达到一个新的水平，看门人在跨国公司中扮演着不可或缺的角色。看门人在跨国公司中扮演重要的角色，因为他们能够充当连接器作用将跨国公司与东道国相连获取有用的资源。跨国公司看门人的跨边界活动能够增强工作满意度，通过减少看门人角色的模糊性来增加看门人的权利。

看门人作为知识网络中的行为者是一个非常有趣的研究对象。看门人的存在、看门人的特性以及他们在网络中的位置能够描述、评价和决定一个完备网络的凝聚力和有效性。在微观层面上，看门人有助于改善组织的有效性，而在宏观层面上，看门人可以有助于改善全球知识网络。因此，对看门人的研究能够有助于理解知识网络和创新过程。

参与网络创新过程的行为人处在结构洞的不同边界，拥有不同的知识兴趣。他们也拥有不同质量的信息达到他们自己的目的（Melkas & Harmaakorpi，2008）。由于交换双方之间存在距离，因此需要一个专业的翻译功能的行为人出现，这类行为人被称之为中介（看门人）。看门人为网络中彼此互不联系的行为人或组织机构之间的结构洞架设桥梁，拥有更大的控制权，并且也能获得更多的利益。然而，隶属于组织中的看门人不仅仅将参与创新过程中的合作伙伴联系在一起，他也负责知识的转换，甚至允许创新过程中合作伙伴之间最佳认知距离的拓宽，以此增加他们的吸收能力（Howells，2006；Nooteboom et al.，2007）。

在创新体系中分析桥介行为时，社会资本是一非常有用的理论。社会资本影响知识的创造和网络资源的获取。桥介社会资本创造了在不同水平的群体之间的连通性（弱关系），而黏结的社会资本（bonding social capital）连接机构内部成员的关系（强关系）。社会资本的两种不同类型（桥介社会资本和黏结社会资本）在分析和评价知识转移和创新时变得非常重要。扎赫拉和乔治（Zahra & George，2002）认为在与吸收能力相关的同化和转换过程之间需要一个特别的社会互动机制，互动过程，如图 7-2 所示。

中介业务：社会整合机制；
知识管理；集体创造

图 7-2　创新过程中的知识吸收能力

资料来源：Zahra, S. A. & George, G.. Absorptive capacity: A review, reconceptualization and extension [J]. Academy of Management Review. 2002, 27（2）：185-203.

豪厄尔斯（Howells，2006）通过对前人研究文献的回顾发现，对看门人的中介角色研究大部分研究主要停留在获取信息、巡视和转换的功能上。还有一些研究主要关注看门人中介的组合角色（Hargadon，1998；Hargadon & Sutton，1997），即对技术创新的积极和复杂的角色。莫里森（Morrison，2004）认为知识中介在协调和学习的过程中出现，他们处在网络中的核心位置上，通常包括：获取外部信息所具有的搜索功能；转换信息的功能；传播的功能。

实证研究结果表明，看门人的创建联系角色、知识整合角色对跨国公司知识转移绩效的影响要强于其他两种角色（知识获取、知识扩散）。究其原因在于，看门人在知识转移的过程中，知识获取、知识扩散角色会被组织的其他专业人员所分担。通过文献的回顾发现，技术看门人理论在 R&D 项目环境中进行信息扩散具有高影响力的理论，最近看门人概念已经受到了广泛关注。随着信息技术的发展和 Intenet 的飞速发展，看门人角色发生了不断的演进。约恩惠兰等（Eoin Whelan，2014）以美国医疗器械技术公司在爱尔兰子公司为调研对象，该公司有 4200 名雇员，其中大约有 3000 名 R&D 研发人员、科学家和技术人员，这些人主要在美国总部，只有 76 人在爱尔兰研发中心。约恩惠兰等（2014）通过调研该子公司研发中心的工程师、高级工程师、项目负责人以及技术人员收集数据，同时将这些人员分成技术看门人（technological gatekeeper）、外部交流专职人员（external communication star）、内部交流专职人员（internal communication star）以及非交流专职人员（non communication star）四类。研究发现以前对于看门人角色的研究过于简单化，约恩惠兰等（Eoin Whelan，2014）认为随着 Internet 的发展以及网络的开放，技术看门人角色已经从获取外部信息向评估外部信息以及确保信息准确通达到目标群体的角色转换。约恩惠兰等（2014）结果发现看门人知识获取、转换和扩散外部信息的角色在爱尔兰研发中心不可缺少的一部分。但是，单独的交流专家配合看门人完成这些任务，这一结论与哈拉达（Harada，2003）的研究结论相符。这些研究证据显示，看门人角色进行了分工，不再由看门人单独完成。约恩惠兰等（2013，2014）的研究概念框架，如图 7 - 3 所示。

从图 7 - 3 中可以看出，看门人角色进行了有效的分工。约恩惠兰等（2014）通过双漏斗的框架解释了在现代 R&D 的网络环境下，看门人知识扩散的过程。相对而言，艾伦（Allen）认为看门人在外部信息很难获取或稀缺的情况下出现，他们所接触的或所了解的外部网络是小的、有限的。可是如今，在无限的外部网络下，世界各地的信息通过各种在线工具不断地进

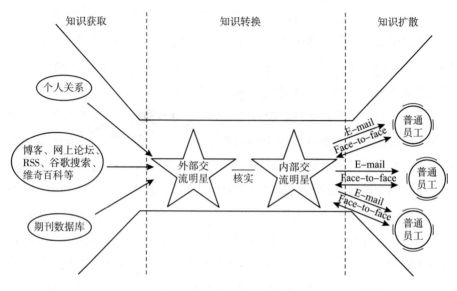

图 7 - 3　看门人双漏斗模式

资料来源：Eoin Whelan，Robin Teigland，Brian Donnellan，and Willie Golden. How Internet technologies impact information flows in R&D；reconsidering the technological gatekeeper ［J］. Info Systems J. 2013 （23）：197 - 218.

行更新。在此背景下，外部信息获取已经从个人网络向在线网络转换。因此，潜在价值信息的提炼已经成为一个复杂的、耗时的过程，需要更有经验的专家进行过滤、筛选，即外部交流专职人员。外部交流专职人员熟练的获取信息，而转换和传播这些信息需要不同的专业技能。这些业务需要内部交流专职人员操作。内部交流专职人员与外部交流专职人员进行讨论、核实后，将知识向组内目标员工进行扩散。因此，看门人角色被内部交流专职人员和外部交流专职人员所分担。所以随着信息技术的发展和 Intenet 的飞速发展，约恩惠兰等（2014）认为看门人角色发生了不断的演进。看门人角色被内部交流专职人员和外部交流专职人员所分担。

因此，本书所设定的研究假设看门人角色（知识获取、知识整合、知识扩散、创建联系）对跨国公司知识绩效具有正向的影响作用。同时，看门人角色对跨国公司知识转移绩效影响各不相同。

7.4　知识来源通过看门人角色影响
跨国公司知识转移绩效

假设 13 设定看门人角色在知识多样性（异质性）对跨国公司知识转移的影响中起到中介的作用。第 6 章的回归结果显示，看门人角色在知识多样性或异质性对跨国公司知识转移的影响中起到了部分中介的作用。知识作为创新的关键资源其知识的质量及特征很重要。网络情景下创新的实质是知识的再创造，而再创造的前提条件在于多样性知识的获取。网络异质性为企业提供了富足或非冗余性知识，这些知识为创新提供了多种要素重新重组或组合的机会，进而增强企业或组织的创新绩效。海外子公司与东道国本地网络中的合作伙伴开展网络学习的过程中，跨国公司从东道国网络中学习到的知识，以及和东道国合作伙伴交流互动中所创造的知识转移到跨国公司总部或其他子公司，通过吸收、调整和利用，转换成自己独特的知识。跨国公司看门人在学习东道国市场多样化知识过程中，由于与东道国的文化、语言以及行为规范存在差异，海外子公司在获取东道国市场知识的过程中会遇到各种各样的障碍。因此，一个具有高吸收能力、善于创建联系的特殊行为人（看门人）在知识获取的过程中显得尤为重要。跨国公司看门人一方面通过同拥有这些市场知识的东道国合作伙伴建立联系，另一方面也可通过自己与合作伙伴的交流与互动，不断获取这些市场知识，并将其转化为子公司所需要的知识，因此，看门人在跨国公司获取多样化市场知识时，扮演重要的中介角色。然而，研究也发现同一合作伙伴相互交流彼此度过一段时间，他们的关系不断增强。合作伙伴会达成共识、形成习惯、彼此信任，发展成为能够促进其顺利交流的语言和经验基础。随着时间的推移，这种关系会"汇聚"，因为合作伙伴之间的共识、习惯、语言和经历会变得非常的相似（Bouty，2000）。尽管"汇聚"会增加转换的效率，但通过"汇聚"所隐含的一直心态会减少对新知识创造有重要作用的多样化意见和视角（Coleman，

1988）。因此，很多研究网络关系的研究者们认为，弱关系可以增加知识的多样化视角（Girvan & Newman，2002）。随着看门人与东道国网络中合作伙伴的不断交互，重复的交互不可避免。看门人与合作伙伴之间就会形成更为相似的知识储备，知识创造就可能被抑制。因此，未来的研究应更多地关注于关系强度的负面效应。

看门人作为跨国公司知识搬运者（carriers）角色已经被一些学者所认可（Bartlett & Ghoshal，1989；Doz et al.，2001；Nohria & Ghoshal，1997）。看门人被看作从总部到子公司组织实践专家和知识专家。看门人知识转移涉及专业知识转移，或者看门人所拥有的一系列技能转移，或者最新获取的知识转移等。本书所探求的看门人知识转移涉及在看门人关系中的正式或非正式的知识转换。

假设 14 设定看门人角色在知识一致性对跨国公司知识转移绩效的影响中具有中介作用。通过回归结果显示，研究假设得到验证。群体内部的知识表征一致性是指群体内部所有成员，对同一客观事物或概念的知识表征的趋同程度。当全体成员对同一客观事物或概念的知识表征趋于一致时，则会具有较高共识率。在跨国公司与东道国网络成员进行交流时，由于知识距离的存在，导致在交流的过程中会出现理解不畅或沟通障碍的问题。同时在对同一问题或事物的看法或认识上，存在认知上的不一致性，具有较低的认知契合程度。因此在此过程中，具有高智力资本的看门人在一定程度上克服认知不一致的问题。安博斯（Ambos，2009）揭示了跨国公司知识转移机制与距离的相互作用，并验证了距离的不同维度与个人协调机制（personal coordination mechanisms，PCM）和技术协调机制（technology-based coordination mechanisms，TCM）之间的作用关系。安博斯（Ambos，2009）选用欧洲500 强企业作为研究样本的选取对象，并限制了至少有 6 个海外子公司的跨国公司作为研究样本，从总部和子公司两个层面进行数据收集。最终样本包括 162 家跨国公司业务单元，这些业务单元属于 48 家公司，其中有 38 个总部，124 个子公司，分布在 29 个国家。研究结果显示：在低的地理距离和低的文化距离的情景下，使用 PCM 增加知识转移绩效。而在中度地理距离情境下，PCM 对知识转移绩效的影响作用微弱，而在中度文化距离和中度制度距离的情景下，PCM 对知识转移绩效起到阻碍作用。同时，研究结果还进一步显示：高度的 PCM 与高度的 TCM 在地理距离下都会阻碍知识转移绩效。高度的 PCM 在文化距离、地理距离和制度距离中都会阻碍知识转移绩效。而高度的 TCM 在文化距离和制度距离中，不同程度促进知识转移。因此，跨国公司在运用 PCM 促进知识转移时，应尽量避免在高程度距离的情境下使用 PCM。

7.5　看门人社会网络结构维通过看门人角色影响跨国公司知识转移绩效

假设 15 设定看门人角色在关系强度对跨国公司知识转移绩效影响中起到中介的作用。假设得到验证。本书基于"知识源—看门人角色—知识接受方"的研究框架，同时从知识源和看门人社会网络两个角度出发，探讨跨国公司知识转移绩效的影响因素。格兰诺维特（Granovetter，1982）指出，"与弱连接相比，强联结关系更愿意为合作伙伴提供帮助，并且在帮助对方的时候也更为轻松"。本书认为，看门人社会网络的关系强度会促进看门人角色的发挥，进而对跨国公司知识转移绩效产生正向的影响。与此同时，强连接促进看门人之间更多的知识交流，使合作伙伴与看门人之间拥有更多知识共享的意愿，随着网络行为主体之间沟通的加深，看门人获取更符合本组织需求的知识，进而促进知识转移的绩效。

本书第 3 章的仿真结果发现，交互强度的增加会降低看门人在网络中的中心度，但随着交互强度的增加，网络中的信息中心度增加，说明网络其他交互伙伴与看门人的信息交互路径增加，信息变得通畅，因此看门人获取外部网络信息变得更加容易，有利于看门人知识角色的发挥。本书在对看门人角色的中介作用进行检验时发现，看门人角色在关系强度与跨国公司知识转移绩效之间具有中介效应，但不是完全中介效应。关系强度对跨国公司知识转移绩效进行直接回归的回归系数为0.145（5%的显著性水平下显著），而引入看门人角色以后，其对知识转移效果进行回归的关系强度回归系数为0.128，回归系数与直接效应回归系数相比，所有降低。随着跨国公司看门人与东道国社会网络成员联系越是频繁，双方的信息交流就会越频繁，双方的关系也变得紧密，紧密的关系建立能够促使看门人获得越来越多的信息，因此有益于看门人知识获取角色的发挥。看门人与子公司同事和东道国当地人联系强度的增加会对看门人的工作绩效产生正向影响。由于本地成员对于东道国当地情况比跨国公司的外派人员（看门人）更加熟悉本地特征，更能理解当地的风俗文化及习惯，从而便于获得本地的各种资源和支持。因此，看门人与东道国网络成员的紧密交互为看门人获得更多的东道国网络中的信息给予实质性的帮助。一些研究结论也证明了这一观点。布莱克（Black，1990）的研究结果表明，看门人与东道国合作伙伴的关系强度对外派人员（看门人）的调整适应产生正向影响，进而有助于提高外派人员（看门人）的工作绩效。因此，看门人在知识转移过程中工作绩效（知识获取、知识整合、知识转换、创建联系）的提高，对跨国公司知识转移绩效产生正向影响。

假设17设定看门人角色在网络密度对跨国公司知识转移绩效的影响中起到中介作用。第6章的实证结果表明网络密度对跨国公司知识转移绩效不产生影响。因此网络密度也无法进行中介效应检验，故假设17未得到支持。假设未得到支持的原因在假设5的讨论中已经进行了分析，原因在于，看门人社会网络密度与跨国公司知识转移绩效之间可能存在一种复杂的曲线关系，例如倒"U"型关系。

假设16、假设19第3章的仿真结果显示，在看门人较少的网络中，随着看门人数量的增加，网络中心性指标急速下降，当看门人数量超过某一特定数量之后，随着看门人数量的增加，网络中心性指标逐渐增加。这一现象说明，当网络中只有一个看门人时，这个人具有极高的中心度，因为信息只有通过他才能进行扩散。但随着看门人数量的增加，信息可以通过其他看门人进行扩散，这样削弱了之前网络中只有一个看门人的中心性，因此网络中的中心性下降。但随着看门人数量的进一步增加，网络中容易形成以某一些看门人为中心的子网络，看门人作为每一个子网的重要信息把关人不断与其他子网的看门人进行互动交互，因此网络中形成了中心度节点，中心度指标进一步上升。在网络中具有较高度中心性的看门人具有较强的影响力和声望，进而看门人更容易获取所需资源。从资源获取的优势的角度，处在网络中心位置（度中心性）上的看门人享有较高的声誉和信任，并具有利用外部资源的较高能力（Ibarra，2011）。声誉和威望的形成促使外部伙伴更愿意与具其合作，并不断地投入资源（Stam & Elfring，2008）。当跨国公司看门人与处在中心位置的本地企业看门人进行互动，关系增强时，跨国公司看门人就可以利用本地企业在本地网络中的资源，同时跨国公司在本地网络的优势增加而不断提升自己的影响力和声望。因此在社会网络中具有较高中心性的看门人更容易接触或获取到较多的资源和信息，高中心性的看门人更容易获得行业内的最新信息。居于网络中心的知识接受企业要想继续获得由高的网络中心度所带来的知识、信息的获取和控制优势，就必须保持与其他企业在技术上的势差，由此吸引其他企业与自己建立联结，因此，它们在获取自己所需的知识时意愿会更加强烈，愿意投入的精力也更多，而这些都会进一步对知识转移效果产生积极影响。从回归结果中，本书发现看门人角色在中心位置对跨国公司知识转移绩效的影响中起到部分中介的作用。看门人在东道国网络中的中心位置，容易获取东道国网络中的资源，看门人凭借这种社会资本，来调动社会资源，因此，这些对看门人知识获取、调整等角色起到积极的促进作用，进而影响跨国公司知识转移绩效。

　　处在中介中心性较高位置（结构洞）上的看门人，在信息传播中充当桥介作用或连接器作用。处于结构洞上的看门人具有更多的弱关系，塑造了弱关系的独特优势，中介中心位置较高的看门人为其带来了获取更多一致性信息的机会，此时看门人具有信息控制的绝对优势。处在此位置上的看门人能够把握相关领域市场和技术发展的现状及趋势，不断增强对信息涉猎的广度。跨国公司看门人与处于网络结构洞位置的本地企业看门人、其他跨国公司看门人建立战略联盟，发挥本地化合作伙伴或其他跨国公司的多样化的市场信息优势和信息控制优势，便于积累更多本土知识。

7.6　看门人社会网络认知维通过看门人角色影响跨国公司知识转移绩效

假设 18 设定看门人角色在文化差异性对跨国公司知识转移绩效的影响中起到中介作用。第 6 章的实证结果表明文化差异性对看门人知识转移角色的回归系数为 b = 0.475，在 1% 的显著性水平下显著。而引入中介变量后，与知识转移绩效进行回归时的回归系数 c′ 为 0.440，回归系数下降，说明看门人角色在文化差异对跨国公司知识转移绩效的影响机制中发挥着部分中介的效应。所谓多样性是指社会网络的异质性，也就是跨国公司看门人社会网络中存在多少种不同类型的人。就社会网络多样性对看门人工作绩效的影响而言，目前存在两种相悖的观点（Walker et al.，1994）。一种观点认为：多样性少（即网络成员相似性程度较高）的社会网络更易于成员之间形成较深厚的友谊，这有利于社会资源的自由流动以及减少新环境对个人产生的压力和不确定性（coleman，1990），进而有利于看门人提高工作绩效。另一种观点认为：多样性大的社会网络将便于个人从社会网络中获得不同的帮助、支持和信息服务，有利于降低新环境给看门人带来的压力和不确定性（Burt，1992），有利于看门人的自我调适，进而提高看门人的工作绩效。有关网络多样性、社会支持和网络成员工作绩效关系的实证研究结论也并不一致。林（Lin，1985）的研究表明：源于（年龄和职业）相似社会网络成员的社会支持将会显著降低个人的抑郁水平，减少个人面对新环境时产生的压力和不确定性，从而有利于网络成员提高工作绩效。然而，海恩斯和赫伯特（Haines & Hurlbert，1999）的研究表明：网络的（文化和性别）多样性将会对个人获取社会支持产生正向影响，但这种社会支持将不会降低个人的抑郁水平，因而网络的多样性不利于提高工作绩效。本书的研究认为：看门人接触不同的文化，有助于其从文化多样性中获取多样化的信息、资源和知识，从而有助于提高跨国公司知识转移绩效。

7.7　看门人社会网络关系维通过看门人角色影响跨国公司知识转移绩效

假设20设定看门人角色在信任对跨国公司知识转移绩效的影响中起到中介作用。第6章的实证结果表明信任对看门人知识转移角色的回归系数为$b = 0.306$，在1%的显著性水平下显著。而引入中介变量后，与知识转移绩效进行回归时的回归系数c'为0.173，回归系数明显下降，说明看门人角色在信任对跨国公司知识转移绩效的影响中起到部分中介作用。

信任被认为是一种期望，交互双方善意的、无投机行为的期望。信任是跨国公司网络的一种重要治理形式，信誉机制和战略需求降低了网络成员之间合作的交易成本。信任是维持组织效能与维系组织生存的重要影响因素。在对组织效能的影响方面，信任可以有效地降低跨国公司内部不同网络结点之间管理事务的处理成本、防范投机行为，并且能够降低未来的不确定性，促使组织内部的资源能够得到更合理地运用进而提高组织效能。团队成员自觉的意愿和积极履行职责主要依赖于值得信任的关系。在没有正式控制和协调机制的情况下，信任被看作是组织的心脏，通过信任可以防止组织距离和地理距离对团队成员所造成的心理障碍。看门人社会网络强关系的形成往往是建立在信任基础之上的。首先信任知识源所发送的知识能够增加知识接收方注意、学习和吸收知识的机会。一般意义上讲，信任有助于增强和改善项目合作伙伴之间的关系，将项目视为一个整体（Wong et al.，2008）。例如，信任能够促进合作伙伴之间利益的一致性，提高利益相关者满意程度，并且能够促成项目目标的达成。此外，项目以外的合作伙伴也会展现出相关技术发展的新知识源、顾客需求、市场需求，这些也都基于信任的基础。组织之间项目合作的一个最有价值的作用是新知识的获得、新产品的开发和商业机会的增加。科斯基宁（Koskinen et al.，2003）认为项目成员之间的相互信任是影响知识获取程度的重要因素。信任能够增加项目合作伙伴在知识共享过程中的能力。以前的研究强调信任在合作方式中的重要性，其中信任被看作是合作伙伴之间关系促成和合作的推动者。由于信任的存在，项目合作伙伴之间不需要更多的监管和讨价还价，让他们有更多的时间和精力处理信息和知识（Dyer & Singh, 1998）。而且信任可以激励项目合作伙伴分享有价值的知识或私有的知识。学习联盟或 R&D 项目必须要从外部获取知识，然而从外部获取的知识又会出现与预期相悖的结果或意想不到的负面效应。看门人作为信息或知识的守卫者，可以从某种程度上减少这些负面效应。在看门人社会网络中，信任的建立可以激发与看门人所合作的合作伙伴分享他们的知识和想法，驱动看门人获取所需的知识。而且在信任的环境下，网络中的行为主体更愿意吸收这些有用的知识，因为信任的合作伙伴被期望提供可靠的、有价值的见解。因德雷（Indre Maurer, 2012）通过实证研究证明项目团队成员之间的信任正向影响外部知识的获取，进而激发产品的创新。本书的研究结论与因德雷（Indre Maurer, 2012）的研究结论一致，即信任促进看门人知识获取，进而影响知识转移绩效。

7.8　看门人角色四维度关系

知识管理理论文献认为，知识的获取被看做是知识转移中关键的环节起到不可缺少的作用，知识的接收方要想获得所需的知识，必须首先借助于多种媒介寻找知识源，然后依据知识源所发出的信息进行甄别、筛选、理解、消化并加以利用。跨国公司看门人作为东道国网络中获取信息或知识的行为主体，其在知识转移中的角色和行为决定了跨国公司知识转移成败。一方面，看门人在东道国网络中创建的联系越好，知识的获取水平越高，对跨国公司知识转移的绩效影响越大。另一方面，看门人创建的联系越好，筛选和甄别所需主要知识的能力越强，因此，看门人所获取的冗余性知识越少。由于冗余性知识的减少，看门人不用花费太多的精力对冗余性知识进行筛选过滤。看门人通过对所获取知识加工调整后进行整合，在本组织中的目标群体进行扩散。看门人与东道国网络成员联系的创建有利于对组织之间的目标冲突减少，联系的创建有利于合作伙伴之间信息交流与知识应用一致性的增强。关系的创建为交互双方信息与知识的共享提供便利的渠道，这些渠道的建立对于知识整合能力的增强起到重要的作用。看门人通过在东道国网络中联系的创建，知识积累逐渐增多，具有较高吸收能力的看门人对知识的消化速度越快，知识扩散就越显著。张娟（2009）个体行为的学习能力具有累积性特质与路径依赖性特质，即如果一个人具有的知识越丰富，那么这个人的学习能力就越强，学习能力的增强会进一步提高其对知识的吸收能力。张娟（2009）还指出，人不仅是学习和应用先进技术的主体，同时也是传播技术扩散和溢出最有效的媒介。跨国公司看门人通常具有其特定的社会交流网络，跨国公司所需要的先进技术看门人所掌握，并通过讨论会或师传徒受等形式在其组织内部网络中互相交流扩散。哈耶尔（Hajer Hammami，2013）将具有看门人角色的知识中介在知识转移中的行为进行了图示化（如图7-4所示）。哈耶尔（Hajer Hammami，2013）认为知识中介创建联系角色是知识中介在知识转移中的重要角色。因此本书认为看门人创建联系角色与其他三种角色并行存在，并贯穿于知识获取、知识整合与知识扩散之中。

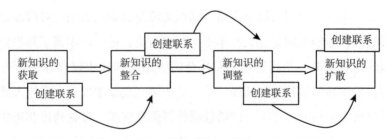

图7-4　知识中介的知识转移角色

资料来源：Hajer Hammami，Nabil Amara，Réjean Landry. Organizational climate and its influence on brokers' knowledge transfer activities：A structural equation modeling［J］. International Journal of Information Management. 2013（33）：105-118.

第 8 章

结论与政策建议

本章包括三部分内容，第一部分在实证研究的基础上，提出本书的研究结论；第二部分，基于研究结论提出政策建议；第三部分，提出本书研究的局限及对未来研究的展望。

8.1　研 究 结 论

本书主要关注看门人的三个问题：第一，看门人在知识转移过程中的角色是什么？第二，看门人社会网络、知识来源对跨国公司知识转移绩效的影响是什么？第三，看门人社会网络、知识来源及其看门人角色对跨国公司知识转移绩效的影响机制是什么？本书的研究结论，进一步丰富了知识转移研究领域的现有成果，尤其是看门人社会网络理论和知识转移理论的有机结合，使得知识转移过程更加清晰。从艾伦的研究文献中发现，看门人处在知识转移网络中的核心位置上，能够暴露外部信息资源，经常通过非正式的方式与外部行为人创建联系。由于知识转移的主体是交互网络中的行为人，行为人在交互网络中的特点以及角色会对知识转移绩效产生重要影响。因此本书从看门人视角出发，基于社会网络理论和知识转移理论，构建看门人视角下跨国公司知识转移绩效影响因素的理论模型。基于实证研究的结果，本书得出的结论如下：

（1）跨国公司所获取知识的高度一致性会抑制知识异质性对知识转移绩效的影响。

网络研究文献表明，知识发送方和知识接收方之间知识的高一致性会促进知识转移（Reagans & McEvily，2003）。本书的研究结论与这一研究结果不同。跨国公司知识通常来源于跨国公司内部和外部。来源于跨国公司内部的知识具有较高一致性，而来源于跨国公司外部的知识具有多样性（异质性）。当跨国公司进行知识转移时，会出现内部知识与外部知识的碰撞与结合。如果跨国公司所接受的知识高度相似，会出现高度冗余的现象，这些高度冗余的知识会减少知识多样性对知识转移的影响效果。同时本书还暗含着吸收能力对组织多样化知识转移绩效的影响。科恩和利文索尔（Cohen & Levinthal，1990）强调为了增强外部知识流动组织必须提高吸收能力。

（2）看门人在知识转移中的知识获取、知识整合、知识扩散以及创建联系的角色对知识转移绩效的影响各不相同，看门人创建的联系角色作为看门人的重要角色贯穿于其他三种角色之中。

实证研究结果验证看门人在知识转移中具有创建联系、知识获取、知识整合和知识扩散四种角色，在四种角色中，创建联系是看门人最重要角色、知识整合角色次之，其他两种角色相对较弱。同时，本书还发现看门人在知识转移过程中的四维度角色，各角色之间不是相互独立的，而是一种并行关系，创建联系角色贯穿于看门人角色发挥的全过程之中。本书认为其他两种较弱的知识获取和扩散角色被组织中的其他行为人所分担。哈拉达（Harada，2003）认为由同一个行为人所完成的看门人角色取决于知识获取的时间以及获取知识后的转换时间，如果获取知识的时间长或转换能力时间较长会削弱外部交流的时效性，出现信息收集能力与内部交流能力不协调的现象。一旦组织需要看门人进行知识获取出现困难时，一种解决方式是进行更专业化的分工：一些具有专职外部交流人员会分担知识看门人的知识获取角色进行外部交流获取知识，专职内部交流人员处理内部交流进行知识扩散。内部交流能力包括吸引组织内部成员进行技术讨论的能力和交流能力。内部交流专职人员经常和组织内部的其他成员接触交流。因此，本书认为知识转移的三个阶段：①外部交流专职人员协助看门人收集最新的外部信息资讯直接发送给看门人（信息转换者）；②看门人进行知识调整和整合后，对知识进行转换，然后将其传递给组织内部的交流专职人员；③组织内部交流专职人员协助看门人通过面对面交流、邮件等方式向组织内部员工进行扩散。虽然本书明晰了不同行为人在知识转移三阶段中的角色，但不能严格进行界定。很多角色交错复杂，不能机械地进行分类。但知识转移阶段的划分，能够从更微观的层面理解知识转移的全过程，为接下来的研究奠定基础。

（3）知识来源通过看门人角色影响跨国公司知识转移绩效，显现出知识来源首先影响看门人角色，进而通过看门人角色影响知识转移绩效的作用路径。

本书对知识来源（知识异质性、知识一致性）首先影响看门人角色，进而影响跨国公司知识转移绩效的路径机制进行研究，主要是通过看门人对知识来源的异质性与知识转移绩效的关系以及知识来源一致性与知识转移绩效关系的中介检验来完成的。其检验结果表明：在跨国公司知识转移过程中，看门人的介入，一方面会促进跨国公司在东道国网络中关系的建立，获取网络中多样化的知识。另一方面，看门人将所获得的多样化知识与子公司现存知识以及来源于跨国公司内部的一致性知识进行整合，将产生的新想法、新思想进行扩散，提高跨国公司知识转移绩效。这一研究结论明确了在跨国公司的知识转移过程中，看门人角色在知识来源（异质性、一致性）对转移绩效影响中的作用机制。同时中介效应的检验结果也进一步验证了，看门人角色对知识来源（异质性、一致性）与知识转移绩效关系的中介作用，呈现出知识来源通过影响看门人角色发挥进而影响知识转移绩效的路径机制。这一研究结论也是对知识代理人为传输媒介的知识转移模型（Seung Kyoon Shin & Woong Kook，2014）提出的实证性检验，研究结果进一步丰富和拓展了"知识发送方—知识接收方"知识转移的二元模型，形成"知识来源—看门人—知识接收方"的三元知识转移模式。

（4）看门人社会网络通过看门人角色影响跨国公司知识转移绩效，呈现出看门人社会网络先影响看门人角色，进而通过看门人角色影响知识转移绩效的作用路径。

回顾已有的文献可以看出，大多数学者在引用社会网络理论对个体或组织的知识转移影响研究时，往往考虑网络结构、网络关系对知识转移的影响。从组织的层面上，例如，泰森（2002）研究了社会互动对组织业务单元之间知识共享的影响，研究社会互动对具有竞争业务单元以及非竞争业务单元的知识共享程度。因肯和曾（Inkpen & Tsang，2005）从组织间网络、战略联盟和产业集群三种不同的网络类型出发，验证社会资本的结构维、关系维和认知维分别对三种不同类型网络中知识转移的影响。卡莱，辛格和波尔马特（Kale，Singh & Perlmutter，2000）研究了关系强度对战略联盟学习程度之间的影响。从个人层面出发，信任对外派人员（看门人）与当地工程师之间技能和技巧的分享的影响（Orlikowski，2002）。徐玉珊（Yu - Shan Xu，2012）从社会资本视角出发，分析了社会资本的关系质量、个人关系对外派人员（看门人）与东道国之间知识转移的影响。这些学者的研究结论对于将社会网络理论应用于知识转移的相关研究而言，具有非常重要的价值。本书从看门人社会网络的各维度出发，分别验证看门人社会网络的各维度通过看门人角色影响知识转移绩效的作用机制。研究结果表明，除看门人的网络密度之外，其他各维度均通过看门人角色影响知识转移绩效。这一结果一方面体现了看门人社会网络的中心位置、关系强度、信任、文化差异性对知识转移绩效产生直接影响的同时，也存在间接影响，并且间接效应影响较之直接效应影响更显著。这也进一步证明了看门人角色在知识转移过程中的重要作用。另一方面也表明，看门人角色在看门人社会网络的中介中心性对知识转移绩效的影响中起到完全中介作用，说明看门人社会网络的中介中心性只有通过看门人角色才能对跨国公司知识转移绩效产生显著影响。

8.2 政策与建议

跨国公司作为知识创新的主体，在东道国网络中获取知识，不断更新本企业知识库，进行持续创新。本书所得出的结论对跨国公司知识转移实践具有以下政策与建议：

（1）跨国公司应平衡所获取的一致性知识。跨国公司知识可来源于跨国公司内部。与此同时，跨国公司知识也可来源于跨国公司外部。来源于跨国公司内部的知识通常具有一致性特征，而来源于跨国公司外部的知识具有多样性特征。研究结论表明，跨国公司所获取知识的高度一致性会抑制知识异质性对跨国公司知识转移绩效的影响。建议跨国公司应该平衡所获取的内外部知识，提高跨国公司知识异质性对知识转移绩效的正向影响作用。

（2）跨国公司"知识源—看门人—知识接收方"知识转移的三元模式建立，能够从更微观的层面理解知识转移的全过程，虽然从表面看，与以往的二元模式相比，知识转移环节增加，但是由于看门人具有专业的知识转移角色，对信息的准确收集，确保了知识的实效性。因此，本书建议跨国公司进行知识转移时，应建立从个人层面（例如，看门人）到组织层面的完整转移路径体系，而不能跨越组织中重要行为人角色的作用试图走捷径。通过知识转移传输通道的构建，进行专业分工，提高信息的实效性，减少信息损失的风险。

（3）注重加强与东道国网络合作伙伴之间的互动。实证研究表明，看门人社会网络关系强度、中介中心性、中心位置和信任对看门人的知识获取、知识整合、知识扩散以及创建联系角色有显著的正向影响。因此，要加强看门人与东道国网络中合作伙伴的主动性，积极与他们进行沟通和互动，加深对于东道国文化、环境的了解和认识，对看门人获取东道国网络资源产生积极的影响。这需要跨国公司不但要加强对非本地看门人的东道国情况培训，让其了解和熟悉东道国的政治经济以及风俗文化等方面的情况，还要创造各种条件鼓励看门人多与东道国合作伙伴进行互动和接触。同时，跨国公司还应该注重发挥东道国本地人的看门人角色，东道国本地人在很多方面比非本地看门人更具有优势，比如东道国本地人对东道国的社会网络、商业网络更为熟悉能够使得跨国公司快速适应东道国当地市场的变化和需求，有利于保持沟通的顺畅以及跨国公司在东道国当地开拓市场、拓展业务。

8.3　局限及展望

尽管本书的变量选择、实验设计、数据分析等研究过程和研究假设，都严格地遵循了科学的研究范式，但由于在变量选择、实验模拟场景、样本数量等方面存在的限制，使得本文的研究，存在一些局限性，这些局限性可能影响本书研究结论的效度。

首先，本书是基于跨国公司看门人的调研数据进行结论验证的。在调研过程中，根据看门人定义和以往的研究文献将看门人界定为跨国公司中层经理、研发负责人、研发雇员、技术骨干等。严格进行界定可能导致问卷调研对象受到限制。在未来的研究中应收集能更准确地捕捉到看门人角色的数据，证明看门人的重要性或还未探测到的功能。

其次，未得到验证研究假设拓宽了研究的视角，在寻求未得到验证原因的过程中，本书发现其他没有探测到的角度。而对于得到验证的假设，也应注意其适应条件。例如，在本书中，中心位置正向影响知识转移绩效在众多研究中得到了验证。但也应注意处在组织内部中心位置业务单元有时会出现中央或分层协调失败的情况，尤其是在那些不能编纂和复杂的知识转移情况下。一方面，虽然新信息和新知识在组织内部可通过一个业务单元获得，但是获得的知识会被其他业务单元所利用。然而，中心性的更高水平会减少业务单元形成组织内部关系的动机，并且减少知识转移绩效（Tsai，2002）。另一方面，没有占据中心位置的创新业务单元会缺乏组织访问确保项目成功所必需的关键知识资源的特权，因为资源和技能位于整个公司不同的业务单元中。工作群组网络中的中心度对群组绩效产生负向影响（Sparrowe et al.，2001）。相反，具有低中心性的内部网络促使业务单元之间的相互依赖，鼓励合作。然而格朗（Grant，1996）认为当组织内部进行知识转移时，中心性和等级性会造成隐性知识转移的失败。组织内部的低中心性有利于组织成员之间合作的形成。因此，未来的研究应进一步关注组织内外部中心位置的不同效应（Sparrowe et al.，2001）。

　　最后，未来的研究应考虑情景变量，动态分析看门人角色变化。看门人角色在未来的研究中应该具有更广泛的意义。未来基于开放与实践的创新过程更多关注创新活动的需求，而且用户驱动创新更需要技能娴熟的看门人存在。在未来创新领域以及创新领域以外的其他领域，看门人角色具有更广泛的意义。例如，看门人应注意到除在自己组织中具有的内部角色之外，还可能具有外部角色。因此，本书认为未来研究应考虑情景的因素，动态地考虑看门人的角色变化。

附录1 仿真程序部分源代码

第3章仿真过程通过两个阶段完成。第一个阶段通过 Java Simulator 仿真在某种特定环境（例如，看门人数量确定或者交互次数确定或者网络规模确定）下的网络中行为人的交互。在模拟之前本研究需要通过一个文本文件（text）设定行为的清单。第二个阶段通过 R 脚本计算第一阶段中所有文件的网络指标。由于未来研究将在该程序上进行完善改进，更加深入地探讨看门人视角下社会网络知识流动机制，故本研究只列出部分程序代码（部分程序代码，见附录1）。

Simulator. java 源代码：

```
import java. io. *;
import java. lang. Number;
public class Simulator{

  public static void main(String[ ]args){
  System. out. println("Please write the name of the file with the individual names
on it");
  System. out. flush();
  String inputFile = "";

  ……

  System. out. println("Please write the number of interactions");
  System. out. flush();
```

```
String totalInt = " " ;
int totalInteractions ;

    ……

public static void loop( String inputFile , String outputFile , int totalInteractions ) {
    for( int i = 0 ; i < 100 ; i + + ) {
        DyadList2MatrixT temp =  new DyadList2MatrixT( ) ;
        String tempOut  =  outputFile  +  i  + ". txt" ;
        //System. out. println( tempOut  + " tempOut" ) ;
        temp. runProgram ( inputFile , tempOut , totalInteractions ) ;//generate a list of
interactions
        }
    }

}
```

DyadList2MatrixT. java 源代码：

```
import java. io. * ;

import java. util. * ;
import java. lang. * ;
import java. text. * ;
//import java. util. Random ;

/ **
    *    Reads a file with a list containing all the individuals in a network
    * Creates a list of interactions
    *        with fixed number of interactions
    *                fixed number of individuals
    *        that
```

```
*          interact equally likely
*    Performs a co – Occurrence analysis
*    Returns a file with a frequency matrix(symetrical, 0's in the diagonal)
*       to be read by R
** /


public class DyadList2MatrixT{

    // Main asks about input and output names
    public static void main(String[ ]args){
        System. out. println("Please write the name of the file containing the names of
the individuals in the network");
        System. out. flush();
        String inputFile = "";
        try{
        ……


            String temp  = list[ cursorList + + ];
            StringTokenizer st  =  new StringTokenizer(temp,"") ;// separate tokens
by" delim
            String indA  = st. nextToken();   //first token goes into first array
            String indB = st. nextToken();   //second token goes into second array
            if( isGatekeeper(indA)&& isGatekeeper(indB)){
                dyadList[ counter + + ] = temp;
            }
            else if( (isGatekeeper(indA)&& ! isGatekeeper(indB))| |(isGatekeeper
(indB)&& ! isGatekeeper(indA))){
                double t  = generator. nextDouble();
```

```
        if( t  < = 0. 5) {
          dyadList[ counter + + ] =  temp;
          }
          else{
          } // do not form pair
        }
        else if( ! isGatekeeper( indA) && ! isGatekeeper( indB) ) {
      }
    }
  }
static Random generator  =  new Random( ) ;


public static boolean isGatekeeper( String Ind) {
  String g = " g" ;
  return g. equals( Ind. substring( 0 ,1 ) ) ;
}


//CoOcurrence Analysis

static String[ ] List;
static String[ ] indListCA;
static String[ ] ind2List;
static String delimiter  = " " ;
/ **
  * public void createListWords( String fileName)
  * create two arrays with the corresponding words in the list
  *   indListCA contains individual 1
  *   ind2List contains the second individual in the list
```

```
**/
static int totalCounter;

public static void createListWords(int totalInteractions) { //change to take a List
instead of a file
//open file
totalCounter = 0;
int size = totalInteractions;   //check for bigger lists
indListCA = new String[size];
ind2List = new String[size];
int ListCounter = 0;
    ......

    List[ListCounter + +] = indListCA[totalCounter - 1];
    List[ListCounter + +] = ind2List[totalCounter - 1];
    counter + +;
}


}


/**
 * public String[ ]selectKywds() {
 * calls
 *    static String[ ]indListCA;
 *    static String[ ]ind2List;
 *
 **/
static Hashtable positions = new Hashtable();
```

```
static Hashtable kywds = new Hashtable( ) ;//create hashtable

public static Hashtable selectKywds( ) {
   kywds. clear( ) ;
   int co = 0;
   int i = 0;
   arrayKyws = new String[ 100 ] ;
   while( co < totalCounter) { //traverse the list of words
      String temp =    List[ co ] ;
      Integer t = new Integer( temp. hashCode( ) ) ;//key of object

      if( kywds. contains( new Integer( temp. hashCode( ) ) ) ) {
         kywds. get( t ) ;//get the word from the hash table
      }
      else {
         kywds. put( temp,new Integer( temp. hashCode( ) ) ) ;
         positions. put( new Integer( temp. hashCode( ) ) ,new Integer( i ) ) ;
         arrayKyws[ i + + ] = temp;
      }
      co + + ;
   }
   ......

#write output into a table
bigMatrix[ 1 ,i ] < - density
bigMatrix[ 2 ,i ] < - trans
bigMatrix[ 3 ,i ] < - Gdegree
bigMatrix[ 4 ,i ] < - Gbetweenness
bigMatrix[ 5 ,i ] < - Gcloseness
```

```
bigMatrix[6,i] < - Ginfo
bigMatrix[7,i] < -    varInfo

bigMatrix[8,i] < - diam
bigMatrix[9,i] < - mean(deg)
bigMatrix[10,i] < - mean(bc)
bigMatrix[11,i] < - mean(close)
bigMatrix[12,i] < - mean(inforC)


}
# format table
out < - file("c:/tempMyDir/NetStatsOut. xls","w")
cat("Network Measures\n",file = out)
cat("\n",file = out)
cat("Dn\tT\tC_D\tC_B\tC_C\tC_I\tS2_I\tDi\t?  C_D(ni)\t?  C_B(ni)\t?
C_C(ni)\t?  C_I(ni)\n",file = out)

#write table into file NetStatsOut. xls
write(bigMatrix,out,ncolumns = 12,sep = "\t")
close(out)
```

附录 2　仿真场景数据

本书总计设计 110 个场景，计算并记录每一个场景运行的完整统计数据。共计仿真 11100 次，形成 110 个平均值列于附表 1 中。

附表 1　　　　　　　　　　　　实验仿真数据

数据编号	密度	云集系数	度中心性	中介中心性	接近中心性	信息中心性
1	0.05334	0	1	1	1	0.310427
2	0.070599	0.058129	0.708386	0.669133	0.658722	0.285283
3	0.072027	0.066314	0.701466	0.656424	0.656487	0.282892
4	0.073527	0.067258	0.71736	0.657954	0.668084	0.287199
5	0.075509	0.064574	0.783637	0.702084	0.737096	0.298632
6	0.081638	0.068001	0.875388	0.763517	0.848458	0.318009
7	0.082877	0.065113	0.962793	0.850484	0.96892	0.328337
8	0.06505	0.04142	0.984451	0.941714	0.991328	0.298203
9	0.05079	0.01896	0.993463	0.984341	0.996538	0.276057
10	0.040816	0.002547	0.99915	0.99915	0.999566	0.260833
11	0.040041	0	1	1	1	1.112057
12	0.077018	0.059929	0.945998	0.497562	0.942894	1.067155
13	0.105783	0.114916	0.878205	0.353359	0.855129	1.05407
14	0.12786	0.164784	0.808362	0.277647	0.763528	1.021049
15	0.146114	0.210551	0.732835	0.223764	0.66602	0.991067
16	0.197591	0.369263	0.518239	0.124496	0.440534	0.888384
17	0.202806	0.384048	0.54805	0.131902	0.476646	0.841963
18	0.203152	0.372376	0.589559	0.143452	0.526982	0.814086
19	0.203747	0.324649	0.66697	0.153178	0.623244	0.841759
20	0.203316	0.276185	0.758823	0.16581	0.757982	0.934596

数据编号	密度	云集系数	度中心性	中介中心性	接近中心性	信息中心性
21	0.202041	0.241298	0.820791	0.147751	0.86162	1.160827
22	0.099053	0	0.99	0.99	0.99	1.213271
23	0.188292	0.14824	0.879831	0.451763	0.896918	1.123322
24	0.258339	0.269419	0.785518	0.304198	0.812553	1.059575
25	0.348743	0.441467	0.617227	0.18696	0.633107	0.939634
26	0.395175	0.536188	0.543923	0.161632	0.568611	0.891543
27	0.492123	0.666537	0.406407	0.094915	0.4357	0.756718
28	0.521637	0.667392	0.465459	0.114247	0.533403	0.686597
29	0.521053	0.561635	0.521053	0.063989	0.605058	0.87587
30	0.33	0	0.99	0.99	0.99	0.33
31	0.18	0	0.99	0.99	0.99	0.286579
32	0.12375	0	0.99	0.99	0.99	0.273103
33	0.076154	0	0.99	0.99	0.99	0.262653
34	0.068824	0.033272	0.949616	0.917868	0.953576	0.301099
35	0.101933	0.118552	0.792085	0.490456	0.748775	0.420522
36	0.133948	0.196059	0.71117	0.327105	0.661988	0.508221
37	0.167679	0.264991	0.663018	0.236328	0.615645	0.615731
38	0.205039	0.324676	0.625806	0.177407	0.582738	0.749935
39	0.243776	0.383295	0.587884	0.13619	0.553448	0.899192
40	0.283095	0.436168	0.548585	0.107062	0.520909	1.050269
41	0.323265	0.48934	0.508291	0.082996	0.489941	1.167385
42	0.363673	0.535204	0.472364	0.062874	0.462149	1.333983
43	0.404082	0.580885	0.434949	0.047669	0.433586	1.426395
44	0.33	0	0.99	0.99	0.99	
45	0.18	0	0.99	0.99	0.99	
46	0.141936	0.014987	0.941786	0.960763	0.944545	
47	0.195324	0.174733	0.814933	0.596336	0.801581	0.354631
48	0.281377	0.40844	0.632308	0.303619	0.622114	0.446526
49	0.393421	0.579819	0.503039	0.163736	0.513713	0.569918
50	0.498585	0.666733	0.398058	0.09314	0.423765	0.734699
51	0.555053	0.681664	0.419532	0.076114	0.490796	1.212648
52	0.626	0.718516	0.37462	0.049002	0.467325	1.533376
53	0.658947	0.733498	0.363158	0.03876	0.470928	1.89424

续表

数据编号	密度	云集系数	度中心性	中介中心性	接近中心性	信息中心性
54	0.692368	0.751789	0.328947	0.028483	0.431809	2.277065
55	0.707895	0.759572	0.31345	0.024366	0.413441	2.491676
56	0.725947	0.76869	0.293392	0.019841	0.387881	2.956043
57	0.733263	0.772688	0.285263	0.018301	0.377322	3.116727
58	0.741474	0.776684	0.27614	0.016502	0.365256	3.595072
59	0.33	0	0.99	0.99	0.99	0.33
60	0.18	0	0.99	0.99	0.99	0.286579
61	0.130263	0.09	0.955263	0.909557	0.970188	0.310324
62	0.260526	0.266694	0.810526	0.304709	0.857448	0.604975
63	0.390789	0.429398	0.665789	0.137119	0.736649	0.804966
64	0.521053	0.561635	0.521053	0.063989	0.605058	0.87587
65	0.781579	0.811189	0.231579	0.011634	0.315008	0.593186
66	0.99	0.99	0	0	0	1.102609
67	0.99	0.99	0	0	0	1.593308
68	0.825	0.7425	0.33	0.11	0.4125	17.96084
69	0.777553	0.782488	0.278058	0.030973	0.363604	4.00568
70	0.666053	0.738691	0.35	0.035685	0.452266	1.892501
71	0.511034	0.681017	0.396429	0.053912	0.433796	1.546918
72	0.317645	0.473405	0.532795	0.115291	0.52067	0.935741
73	0.206955	0.326899	0.629824	0.17632	0.586006	0.758955
74	0.145078	0.232094	0.68057	0.23274	0.623819	0.646751
75	0.108896	0.165048	0.71675	0.278816	0.650926	0.572244
76	0.085906	0.131105	0.74596	0.338412	0.680223	0.518833
77	0.070052	0.096461	0.767926	0.357514	0.694221	0.493268
78	0.057694	0.081389	0.778976	0.405459	0.708457	0.461354
79	0.101849	0	0.99	0.99	0.99	0.567574
80	0.168454	0.144435	0.82055	0.551886	0.794657	0.52119
81	0.210018	0.253785	0.698537	0.411197	0.663041	0.490853
82	0.256714	0.397481	0.533564	0.275151	0.50676	0.435126
83	0.273461	0.433367	0.556701	0.275836	0.537552	0.424617
84	0.282417	0.413831	0.625262	0.298554	0.613525	0.440112
85	0.282921	0.34158	0.734838	0.317002	0.756264	0.523479
86	0.260526	0.266694	0.810526	0.304709	0.857448	0.604975

续表

数据编号	密度	云集系数	度中心性	中介中心性	接近中心性	信息中心性
87	0.039577	0	0.99	0.99	0.99	
88	0.040365	0.002642	0.976239	0.985874	0.975066	0.255782
89	0.040704	0.003228	0.981163	0.985432	0.980605	0.257353
90	0.039878	0.001715	0.989418	0.988897	0.989696	0.256766
91	0.038824	0	0.99	0.99	0.99	0.255
92	0.038824	0	0.99	0.99	0.99	
93	0.076878	0	0.99	0.99	0.99	0.255
94	0.038824	0	0.99	0.99	0.99	0.255
95	0.038824	0	0.99	0.99	0.99	0.255
96	0.038824	0	0.99	0.99	0.99	
97	0.038824	0	0.99	0.99	0.99	0.255
98	0.038824	0	0.99	0.99	0.99	0.255
99	0.038824	0	0.99	0.99	0.99	0.255
100	0.33	0	0.99	0.99	0.99	0.33
101	0.076154	0	0.99	0.99	0.99	0.262653
102	0.038824	0	0.99	0.99	0.99	0.255
103	0.035507	0.024649	0.980545	0.9196	0.984687	0.298674
104	0.03968	0.037073	0.849163	0.539425	0.780597	0.374138
105	0.050648	0.067242	0.828517	0.46218	0.763424	0.425399
106	0.163474	0.152216	0.723775	0.21974	0.637553	0.654823
107	0.100975	0.182977	0.702734	0.161702	0.61425	0.857462
108	0.2	0.357813	0.61276	0.067015	0.546751	1.721204
109	0.4944	0.687833	0.334616	0.011009	0.34152	3.71023
110	0.620614	0.731325	0.317143	0.006284	0.3841	7.1211

附录 3　问卷调查表

尊敬的先生/女士：

　　您好！十分感谢您能在百忙之中抽出时间接受本次问卷调查。问卷采取不记名方式填答，内容不涉及贵企业的商业机密问题，所获信息也不用于任何商业目的，保证绝对保密。所有题项的选择均无对错之分，请您选择您认为最贴切的答案。您所提供的信息对本研究的结论非常重要，请您放心并尽可能客观的回答，且勿遗漏任何一个题项。仔细填写本问卷大致需要您十五分钟时间。如果您填写的是电子版，为了便于填写，对于选择题只需要改变您所选择答案序号的颜色。

　　本研究的调研对象主要集中在中层管理者、研发负责人、项目负责人、技术骨干、研发雇员以及部分部门经理（部门经理指曾经与组织外部合作伙伴进行交流，获取知识或技术，并在组织内部扩散）其中还包括一些具有特殊身份的跨国公司外派人员或侨民。

　　如果您需要，请留下电子邮箱，非常愿意将本研究成果的电子版提供给您参考。

　　E‑mail：_____

第一部分　企业基本信息

1. 贵企业的名称_____。
2. 贵企业 2014 年的销售收入大约是（人民币）：
A. 500 万以内　　　B. 501 万 ~ 1000 万　　　C. 1001 万 ~ 5000 万

D. 5001 万 ~ 1 亿　　　E. 1 亿 ~ 2 亿　　　　　F. 2 亿 ~ 5 亿

G. 5 亿以上

3. 贵企业的员工数是：

A. 20 人以下　　　　B. 21 ~ 50 人　　　　C. 51 ~ 100 人

D. 101 ~ 200 人　　　E. 201 ~ 500 人　　　F. 501 ~ 1000 人

G. 1000 人以上

4. 贵企业成立了多少年：

A. 2 年不到　　　　B. 2 ~ 5 年　　　　　C. 6 ~ 10 年

D. 11 ~ 15 年　　　E. 15 年以上

5. 贵公司总部所在地：

A. 美国　　　　　　B. 日本　　　　　　C. 韩国

D. 欧洲　　　　　　E. 其他

6. 贵公司的主营业务是：

制造业□　信息产业□　酒店服务□　零售业□　医疗□　化工□

中介服务□　其他_____（请填写）

第二部分　知识　调研对象基本信息

1. 性别：　　男□　女□

2. 教育背景：博士□　硕士□　本科□　大专□　其他□

3. 工作经历：

一直在该子公司工作□　有在总部工作的经历□　有在其他子公司工作的经历□　有在其他跨国公司工作的经历□　有在东道国工作的经历□

4. 您在贵公司所从事工作：

研发负责人□　项目负责人□　外派人员□　中层经理□　研发雇员□

5. 您的身份：

侨民□　驻海外人员□　本地人□　其他□

第三部分　变量测量

■ 测量变量 1：看门人角色

● 隐性知识获取

1. 从咨询公司获取	1	2	3	4	5	6	7
2. 从大学、科研机构及专业协会获取	1	2	3	4	5	6	7
3. 从其他组织获取	1	2	3	4	5	6	7

● 显性知识获取

1. 从专业杂志获取	1	2	3	4	5	6	7
2. 从新闻布告获取	1	2	3	4	5	6	7
3. 从电子数据库（公共媒体、科学研究）获取	1	2	3	4	5	6	7

● 知识整合

1. 您经常向组织内部员工通俗易懂地阐述所获取的知识	1	2	3	4	5	6	7
2. 您经常精心准备有感染力的报告（以图表、颜色、情景）	1	2	3	4	5	6	7
3. 您经常在组织内部讨论所获取知识的潜在用途	1	2	3	4	5	6	7
4. 您经常在组织内部通过实例或案例展示如何使用所获取的知识	1	2	3	4	5	6	7

● 知识扩散

1. 您经常在组织内部发布研究报告和研究结果	1	2	3	4	5	6	7
2. 您经常在本组织内部召开会议讨论目前的研究项目	1	2	3	4	5	6	7
3. 您经常在本组织内讨论研究结果的应用前景及商业价值	1	2	3	4	5	6	7

● 创建联系

1. 您愿意分享在东道国的个人关系	1	2	3	4	5	6	7
2. 您重视建立与子公司员工密切的工作关系	1	2	3	4	5	6	7
3. 您是促进子公司员工与东道国合作伙伴之间交流的关键人物	1	2	3	4	5	6	7
4. 您是建立子公司员工与总部之间联系的关键人物	1	2	3	4	5	6	7

■ 测量变量2：看门人社会网络

● 信任

1. 工作中遇到困难时，东道国同事会帮助解决	1	2	3	4	5	6	7
2. 当需要帮助时，东道国同事会给予帮助	1	2	3	4	5	6	7
3. 可以依靠东道国同事达成期望的目标	1	2	3	4	5	6	7
4. 东道国同事有足够的技能，解决工作中遇到的问题	1	2	3	4	5	6	7
5. 在没有监督的情况下，东道国同事会继续他们的工作	1	2	3	4	5	6	7

● 关系强度（其他组织指企业、高校、研究机构、咨询公司）

1. 您与其他组织负责人之间的关系紧密	1	2	3	4	5	6	7
2. 您不会怀疑其他组织负责人所提供技术知识的有用性和真实性	1	2	3	4	5	6	7
3. 您与其他组织负责人交流时，双方都不会做有损企业利益的事	1	2	3	4	5	6	7
4. 您向其他组织吸收技术知识，尽可能避免暴露本企业的技术弱点	1	2	3	4	5	6	7
5. 您与知识源企业之间的技术交流关系已存在多年	1	2	3	4	5	6	7
6. 您与知识源企业之间的技术交流很频繁	1	2	3	4	5	6	7

● 网络密度

1. 您与您的合作伙伴之间存在很多的直接联系	1	2	3	4	5	6	7
2. 其他合作伙伴之间主要通过您建立联系	1	2	3	4	5	6	7
3. 与同行业竞争者相比，您与同一行业内其他成员之间关系更密切	1	2	3	4	5	6	7
4. 与同行业竞争者相比，您与高校或科研院所之间关系更密切	1	2	3	4	5	6	7

● 中心位置

1. 其他伙伴了解您所在企业的技术能力	1	2	3	4	5	6	7
2. 其他伙伴能容易地与您建立技术交流关系	1	2	3	4	5	6	7
3. 您是其他伙伴之间进行技术交流的中介	1	2	3	4	5	6	7
4. 当需要技术建议或技术支持时，其他伙伴希望得到您提供技术支持	1	2	3	4	5	6	7

- 中介中心性

1. 您对信息及资源具有控制权	1	2	3	4	5	6	7
2. 其他伙伴之间的交流主要通过您联系	1	2	3	4	5	6	7
3. 您比其他人更容易获取重要资源	1	2	3	4	5	6	7

- 文化差异

1. 可以使用所了解的文化知识与不同文化背景的人进行交流	1	2	3	4	5	6	7
2. 了解东道国法律规范和经济规则	1	2	3	4	5	6	7
3. 了解东道国文化、价值观和宗教信仰	1	2	3	4	5	6	7
4. 愿意与不同文化背景的人进行交流	1	2	3	4	5	6	7
5. 可以调节新文化的压力	1	2	3	4	5	6	7
6. 可以通过其他行为（如跨文化互动、语音、语调）增进理解及交流	1	2	3	4	5	6	7

■ 测量变量3：知识来源异质性

- 来源于外部网络知识的异质性

1. 从东道国外部网络中接收多样化知识	1	2	3	4	5	6	7
2. 从东道国外部网络中获得顾客知识	1	2	3	4	5	6	7
3. 从东道国外部网络不同主体接收的知识	1	2	3	4	5	6	7

- 来源于跨国公司内部网络知识一致性

1. 接收到的知识与现存知识容易结合	1	2	3	4	5	6	7
2. 从主观上感觉接收知识与现存知识在很大程度上一致	1	2	3	4	5	6	7

- 测量变量4：知识转移绩效

1. 获取的知识在很大程度上转换成市场经验	1	2	3	4	5	6	7
2. 企业能够较多地获得顾客偏好知识	1	2	3	4	5	6	7
3. 接收的知识能够在较大程度上提高管理的技巧	1	2	3	4	5	6	7
4. 知识被吸收后能够运用到其他的领域或其他项目	1	2	3	4	5	6	7
5. 员工（或部门）比较主动地进行知识共享与信息交流	1	2	3	4	5	6	7
6. 互访、培训、经验交流、工作轮换等方法提高了员工的素质	1	2	3	4	5	6	7

附录 4 在华跨国公司调研 样本情况统计

附表 2　　　在华跨国公司调研样本情况统计表（共计 236 份）

序号	在华跨国公司名称	公司所在城市	总部所在地	有效问卷数量（份）
1	内蒙古北方重型汽车股份有限公司	包头	美国	2
2	思科中国北京分公司	北京	美国	2
3	惠普公司	北京	美国	3
4	西门子（中国）有限公司	北京	德国	2
5	肯德基	北京	美国	2
6	普华永道	北京	英国	3
7	友利银行	北京	韩国	2
8	培生教育	北京	美国	4
9	普利司通（中国）投资有限公司	北京	日本	3
10	康龙化成（北京）新药技术有限公司	北京	美国	2
11	康明斯（中国）投资有限公司	北京	美国	2
12	达涅利冶金设备（北京）有限公司	北京	意大利	2
13	萨姆森控制设备（中国）有限公司	北京	德国	5
14	索尼移动通信产品（中国）有限公司	北京	英国	3
15	风河软件研发	北京	美国	4
16	北京劳玛斯特钻井系统（北京）有限公司	北京	美国	2
17	微软有限公司	北京	美国	3
18	摩托罗拉中关村中心	北京	美国	2
19	爱立信移动世界中国部	北京	芬兰	2
20	诺基亚中国研究开发中心	北京	瑞典	2
21	北京世纪思特技术开发有限公司	北京	日本	2
22	ABB 集团中国研究中心	北京	瑞士	2

序号	在华跨国公司名称	公司所在城市	总部所在地	有效问卷数量（份）
23	LG 设计研究所北京分所	北京	韩国	2
24	北京安发玛西亚生物技术中心	北京	瑞典	3
25	Intel 中国研究中心	北京	美国	3
26	NEC 中研究院	北京	日本	2
27	资生堂中国研究开发中心	北京	日本	3
28	空中客车中国研发中心	北京	美国	3
29	GE 公司全球研发中心北京办事处	北京	美国	3
30	赛门铁克软件（北京）有限公司	北京	美国	2
31	路通世纪（中国）科技有限公司	北京	美国	4
32	资深堂中国研究开发中心	北京	日本	4
33	高通无线通信技术（中国）有限公司	北京	美国	2
34	上海贝尔阿尔卡特成都光通信研发中心	成都	法国	2
35	甲骨文西部研究中心	成都	美国	3
36	英特尔半导体有限公司	大连	美国	3
37	英特尔大连芯片厂	大连	美国	2
38	阿尔派电子（中国）有限公司大连研发中心	大连	日本	3
39	大连三洋压缩机制冷研发中心	大连	日本	4
40	松下电器大连研发中心	大连	日本	3
41	东莞柯拉尼家居有限公司	广州	德国	2
42	日产汽车技术中心	广州	日本	2
43	安利中国研发中心	广州	美国	2
44	广州百乐饮料有限公司研发部	广州	美国	2
45	奥的斯扶梯研发中心	广州	美国	3
46	汤姆逊广州研发中心	广州	法国	2
47	伊莱克斯全球电子研发中心	广州	美国	2
48	杭州华三通信技术有限公司（H3C）	杭州	美国	2
49	艾默生爱适易电器有限公司	南京	美国	3
50	艾默生过程控制流量技术公司	南京	美国	5
51	江苏富士通通信技术有限公司	南京	日本	2
52	埃肯碳素（中国）有限公司	宁夏	挪威	2
53	土耳其航空	上海	土耳其	2
54	上海思百吉仪器系统有限公司	上海	英国	2

续表

序号	在华跨国公司名称	公司所在城市	总部所在地	有效问卷数量（份）
55	威图电子机械技术（上海）有限公司	上海	德国	4
56	施耐德集团（中国）股份有限公司	上海	法国	2
57	伊顿中国投资有限公司	上海	美国	2
58	艾欧史密斯上海水处理有限公司	上海	美国	3
59	西德福液压件（上海）有限公司	上海	德国	2
60	斯凯孚（中国）销售有限公司	上海	欧洲	2
61	新加坡金鹰集团	上海	新加坡	3
62	雀巢研发中心	上海	瑞士	3
63	杜邦中国研发中心	上海	美国	4
64	索尼软件研究开发工程中心	上海	日本	4
65	阿诗兰黛中国研发中心	上海	法国	3
66	强生中国亚太研究中心	上海	美国	4
67	3M 中国研发中心	上海	美国	2
68	SAP 中国研究院	上海	美国	3
69	朗讯科技（中国）有限公司贝尔实验室上海分部	上海	美国	3
70	罗门哈斯中国研究开发中心	上海	美国	3
71	达能乳品研发中心	上海	法国	3
72	欧莱雅中国研发中心	上海	法国	2
73	米其林上海研发中心	上海	法国	2
74	罗氏研发（中国）有限公司（药品研究中心）	上海	瑞士	4
75	IBM 广东深圳分公司	深圳	美国	2
76	松下电器研发开发有限公司	苏州	日本	3
77	华美科技（苏州）有限公司	苏州	美国	3
78	天津三星泰科光电子有限公司	天津	韩国	3
79	现代电子（天津）多媒体有限	天津	航国	3
80	富士通研究开发有限公司	天津	日本	3
81	唐纳森（无锡）过滤器有限公司	无锡	美国	4
82	普利司通（中国）研究开发有限公司	无锡	日本	4
83	NEC 软件研发中心	西安	日本	2

续表

序号	在华跨国公司名称	公司所在城市	总部所在地	有效问卷数量（份）
84	美光科技西安公司	西安	美国	2
85	新疆啤酒花股份有限公司	新疆	丹麦	2
86	顿汉布什工业有限公司	烟台	美国	4
87	一汽－大众汽车有限公司	长春	德国	3
88	大陆汽车电子（长春）有限公司	长春	德国	2

注：问卷针对在华跨国公司中具有看门人角色的不同岗位（中层经理、项目负责人、研发负责人、研发雇员、技术骨干的岗位）人员进行发放，共计88家在华跨国公司，每家跨国公司中回收2~5份不等的有效问卷，总计有效问卷236份。

参 考 文 献

[1] 曹兴，宋娟．网络组织知识转移仿真分析 [J].中国软科学，2014
(3)：142-151.

[2] 陈涛，王铁男，朱智洛．知识距离、环境不确定性和组织间知识
共享——一个存在调节效应的实证研究 [J].科学学研，2013，31 (10)：
1533-1540.

[3] 程国萍，熊云生，吴敏．社会网络与社会资本 [J].财贸研究，
2005 (4)：113-116.

[4] 董鑫，曹吉鸣，彭正龙．基于系统思想的知识中介机理及工具研
究 [J].情报杂志，2011，30 (7)：89-94.

[5] 冯锋，王凯．产业集群内知识转移的小世界网络模型分析 [J].科
学学与科学技术管理，2007 (7)：89-93.

[6] 高嘉勇．跨国公司外派人员跨文化培训——理论与培训 [M].2008.

[7] 顾丽敏，段光．基于网络集中度的产业集群知识共享研究——以
江苏省科技型产业集群为例 [J].南京社会科学，2014 (9)：142-149.

[8] 简兆权，刘荣，招丽珠．网络关系、信任与知识共享对技术创新
绩效的影响研究 [J].研究与发展管理，2010，22 (2)：65-73.

[9] 李晨松，和金生．知识中介和知识中介参与的知识交易模型构建
[J].大连理工大学学报 (社会科学版)，2005，26 (2)：74-79.

[10] 李元旭，王宇露．东道国网络结构、位置嵌入与海外子公司网络
学习——基于123家跨国公司在华子公司的实证 [J].世界经济研究，2010
(1)：63-67.

[11] 林枫（译）. 蜘蛛：社会网络分析技术［M］. 2014（1）.

[12] 刘璐. 企业外部网络对企业绩效影响研究：基于吸收能力视角［D］. 山东大学博士论文，2009.

[13] 罗知. 中国 FDI 流入的决定因素：基于国际面板数据的实证研究［J］. 南方经济，2009（1）：33－41.

[14] 马庆国，徐青，廖振鹏等. 知识转移的影响因素分析［J］. 北京理工大学学报（社会科学版），2006，18（1）：40－43.

[15] 潘松挺，蔡宁. 企业创新网络中关系强度的测量研究［J］. 中国软科学，2010（5）：108－116.

[16] 潘文安. 关系强度、知识整合能力与供应链知识效率转移研究［J］. 科研管理，2012，33（1）：147－150.

[17] 寿涌毅，陈英英，汪洁. 基于临近性的企业网络知识转移仿真研究［J］. 科学学与科学技术管理，2012，33（1）：84－91.

[18] 司云波，何金生. 知识经纪人与组织知识创新：基于知识发酵视角［J］. 情报杂志，2009（11）：123－126.

[19] 王清晓，杨忠. 跨国公司母子公司之间的知识转移研究：一个情境的视角［J］. 科学学与科学技术管理，2005（6）：81－86.

[20] 王晓娟. 知识网络与集群企业创新绩效——浙江黄岩模具产业集群的实证研究［J］. 科学学研究，2008，26（4）：874－881.

[21] 魏露露，王文平. 产业集群中小团体网络结构对技术扩散的影响［J］. 中国管理科学，2006，14（10）：128－131.

[22] 温忠麟、侯杰泰、张雷. 调节效应与中介效应的比较和应用［J］. 心理学报，2005，37（2）：268－247.

[23] 吴翠花，李慧，张雁敏. 联盟网络中信任对知识创造影响路径实证［J］. 情报杂志，2012，31（7）：122－129.

[24] 吴明隆. SPSS 统计应用实务：问卷分析与应用统计［M］. 科学出版社，2003.

[25] 肖志雄. 知识距离对知识吸收能力影响的实证研究——以服务外

包企业为例［J］. 情报科学，2014，32（10）：61 – 66.

［26］谢洪明，张霞蓉，程聪，陈盈. 网络关系强度、企业学习能力对技术创新的影响研究［J］. 科研管理2012，33（2）：55 – 63.

［27］徐海波，高祥宇. 人际信任对知识转移的影响机制：一个整合的框架［J］. 南开管理评论2006，（5）：99 – 106.

［28］徐笑君. 文化差异对美资跨国公司总部知识转移影响研究［J］. 科研管理，2010，31（4）：49 – 56.

［29］徐笑君. 文化差异对总部知识转移的调节效应研究：基于德资跨国公司的调查［J］. 研究与发展管理，2009，21（6）：1 – 9.

［30］薛求知，关涛. 跨国公司知识转移：知识特性与转移工具研究［J］. 管理科学学报，2006，9（6）：64 – 73.

［31］叶娇，原毅军，张荣佳. 文化差异视角的跨国技术联盟知识转移研究——于系统动力学的建模与仿真［J］. 科学学研究，2012，30（4）：557 – 565.

［32］于鹏. 基于软环境视角的跨国公司内部知识转移影响因素研究［J］. 管理评论，2010，23（6）：99 – 108.

［33］张娟. 人力资本和FDI技术外溢的关系——基于吸收能力角度的实证分析［D］. 暨南大学博士论文，2009.

［34］张利斌，张鹏程，王豪. 关系嵌入、结构嵌入与知识整合效能：人—环境匹配视角的分析框架［J］.2012，33（5）：78 – 84.

［35］张宇山. 多元线性回归分析的实例研究［J］. 科技信息，2009（5）：56.

［36］张志勇，刘益，谢恩. 基于动态网络模型的研发团队隐性知识转移研究［J］. 运筹与管理，2007，16（6）：142 – 148.

［37］周浩军. 搜索优势与转移问题：弱联系、结构洞和网络多样性对创新的曲线效应［D］. 浙江大学博士论文，2011.

［38］周密，赵文红，宋红媛基于知识特性的知识距离对知识转移影响研究［J］. 科学学研究，2015，33（7）：1060 – 1070.

［39］周密，赵西萍，司训练．团队成员网络中心性、网络信任对知识转移成效的影响研究［J］．科学学研究，2009，27（9）：1385 - 1391.

［40］朱亚丽．网络中心性对企业间知识转移影响的实证研究［J］．技术经济，2008，27（12）：1 - 6.

［41］科技型企业知识创新影响因素研究——以社会资本为视角［J］．科技管理研究，2014（8）.

［42］社会资本、组织学习与知识创造关系研究——基于一种文献计量的元分析方法［J］．现代情报，2014（1）.

［43］知识中介在跨国子公司间知识转移中的角色［J］．技术经济与管理研究，2015（10）.

［44］国际企业伦理——全球政治经济中的决策［M］．中国人民大学出版社，2013（9）.

［45］跨国公司管理［M］．中国人民大学出版社，2015（1）.

［46］A Goerzen，Alliance networks and firm performance：the impact of repeated partnerships［J］．Strateg. Manag. J，2007（28）：487 - 509.

［47］A Hargadon，R. I. Sutton. Technology brokering and innovation in a product development firm［J］．Administrative Science Quarterly，1997，42（4）：716 - 749.

［48］Abittan Y，Assens C. Le role strategique des hommes-orchestres dans l'ecosysteme des poles de competitivite［J］．Vie & Sciences De Lentreprise，2011，188（2）：22 - 37.

［49］Abrahamson，J. & Fisher，K. E. 'What's past is prologue'：Towards a general model of lay mediary information behaviour［J］．Information Research 12，no. 4. Paper given at the CoLIS Conference，Boras，Sweden，13 - 16 August（2007）. http：//informationr. net/ir/12 - 4/colis. colis15. html.

［50］Adler PS，Kwon S - W. Social capital：prospects for a new concept［J］．Academy of management review，2002，27（1）：17 - 40.

［51］Ahuja G. Collaboration networks，structural holes，and innovation：a longitudinal study [J]. Adm Sci Q, 2000 (45): 425 –455.

[52] Ahuja, G. The duality of collaboration: Inducements and opportunities in the formation of interfirm linkages [J]. Strategic Management Journal, 2000 (21): 317 –343.

[53] AK Gupta, V Govindarajan. Knowledge flows and the structure of control within multinational corporations [J]. Academy of management review, 1991 (16): 768 –792.

[54] Albert, R. & Barbási, A. L. . Statistical mechanics of complex networks [J]. Rev. Mod Phys, 2002 (74): 47 –97.

[55] Alireza Abbasi, Liaquat Hossain, and Loet Leydesdorff. Betweenness Centrality as a Driver of Preferential Attachment in the Evolution of Research Collaboration Networks [J]. Journal of Informetrics, 2011 (9): 12 –14.

[56] Allen, T. J. and Cohen, S. I. Information flow in research and development laboratories [J] . Administrative Science Quarterly, 1969, 14 (1): 12 –19.

[57] Allen, T. J. Managing the Flows of Technology: Technology Transfer and the Disseminatin of Technological Information within the R&D Organization [M]. MIT Press, 1977.

[58] Ambos, T. C. , Ambos, B. &Schlegelmilch, B. B. Learning from subsidiaries: An empirical investigation of headquarters' benefits from reverse knowledge transfers [J]. International Business Review, 2006 (15): 294 –312.

[59] Ancona, D. G. & Ccildwell, D. F. Beyond tcisk and maintenance: External roles in groups [J]. Group and Organization, 1988 (3): 15 –26.

[60] Ancona, D. & Caldwell, D. Bridging the boundary: External activity and performance in organizational teams [J] . Administrative Science Quarterly, 1992 (37): 634 –665.

[61] Andersson U and Pahlberg, C. Subsidiary Influence and Strategic Behaviour in MNCs: an Empirical Study [J]. International Business Review, 1997

（3）：319－334.

［62］ Andrea Morrison. Gatekeepers of knowledge within industrial districts：Who they are，how they interact ［J］. HAL Id：hal－00514697 https：// hal. archives-ouvertes. fr/hal－00514697Submitted on 3 Sep 2010.

［63］ Ang，S. & Van Dyne，L. Conceptualization of cultural intelligence：Definition，distinctivenss，and nomological network. In S. Ang & L. Van Dyne （Eds. ）［J］. Handbook on cultural intelligence：Theory，measurement，and applications，2008b：3－15.

［64］ Anupama Phene，Anoop Madhok，Kun Liu. Knowledge Transfer within the Multinational Firm：What Drives the Speed of Transfer？ ［J］. mir Special Issue，2005 （2）：53－74.

［65］ Au，K. ，& Fukuda，J. Boundary spanning behaviors of expatriates ［J］. Journal of World Business，2002 （37）：285－296.

［66］ Awazu，Y. Informal network players，knowledge integration and competitive advantage ［J］. Journal of Knowledge Management，2004，8 （3）：62－70.

［67］ B. Sebastian Reiche. Knowledge transfer in multinationals：the role of inpatriates' boundary spanning ［J］. Human Resource Management，2011，50 （3）：365－389.

［68］ B. Sebastian Reiche，Anne-Wil Harzing，Maria L. Kraimer. The role of international assignees' social capital in creating inter-unit intellectual capital：a cross-level model ［J］. Journal of International Business Studies，2008，23 （4）：123－145.

［69］ Bae J，Gargiulo M. Partner substitutability，alliance network structure，and firm profitability in the telecommunications industry ［J］. Academy of Management Journal，2004，47 （6）：843－859.

［70］ Balkundi，P. ，Harrison，D. A. ，Ties，leaders，and time in team：strong inference about network structure's effects on team viability and performance ［J］. Academy of Management Journal，2006，49 （1）：49－88.

［71］ Ralf Buckley, Claudia Ollenburg. Tacit knowledge transfer: cross-cultural adventure ［J］. Annals of Tourism Research, 2013 （40）: 419 – 422.

［72］ Baron, R. M. , &Kenny, D. A. The moderator-mediator variable distinction in social psychological research: Conceptual, strategic, and statistical considerations ［J］. Journal of Personality and Social Psychology, 1986 （51）: 1173 – 1182.

［73］ Bernard L Simonin. Ambiguity and the process of knowledge transfer in strategic alliances ［J］. Strategic Management Journal, 1999 （20）: 595 – 623.

［74］ Blaek, J. S. , &Gregersen, H. B. Anteeedents of cross-cultural adjustment for expatriates inPacific Rim assignments ［J］. Human Relations, 1991 （44）: 497 – 515.

［75］ Blau, J. and Alba, R. Empowering nets of participation ［J］. Administrative Science Quarterly, 1982 （27）: 363 – 379.

［76］ Blyler, M. and Coff, R. W. Dynamic Capabilities, Social Capital, and Rent ApproPriation: Ties that Split Pies ［J］. Strategie Management Joumal, 2003 （24）: 677 – 686.

［77］ Boissevain, J. Friends of friends: Networks, manipulators and coalitions ［M］. New York: St. Martin's Press, 1974.

［78］ Bolland, J. M. Sorting out centrality: an analysis of the performance of four centrality models in real and simulated networks ［J］. Social Networks, 1988 （10）: 233 – 253.

［79］ Bongers, F. P. den Hertog and R. Vandeberg. Naar een meetlat voor wissel werking Verkenning van de mogelijkheden voor meting van kennisuitwisseling tussen publieke kennisin, 2003.

［80］ Bouty, I. Interpersonal and interaction influences on informal resource exchanges between R&D researches across organizational boundaries ［J］. Academy of Management Journal, 2000 （43）: 50 – 65.

［81］ Bradach, J. L. , & Eccles, R. G. Price, authority, and trust: From ideal types to plural forms [J]. Annual review of sociology, 1989 (15): 97 – 118.

[82] Brass, D. J, Galaskiewicz, J. Greve, H. R. and Tsai, W. Taking stock of networks and organizations: A multilevel perspective [J]. Academy of Management Journal, 2004 (6): 795 – 817.

[83] Bratianu, C. , Andriessen, D. Knowledge as energy: a metaphorical analysis [C]. Proceedings of the 9th European Conference on Knowledge Management, Southampton Solent University, 2008 (4): 75 – 82.

[84] Bridge, G. The Neighbourhood and Social Networks. CNR Paper 4 April 2002. http: //www. neighbourhoodcentre. org. uk.

[85] Brodbeck, F. C. , Kerschreiter, R. , Mojzisch, A. , Frey, D. , & Schulz-Hardt, S. The dissemination of critical, unshared information in decision making groups: The effects of pre-discussion dissent [J]. European Journal of Social Psychology, 2002 (32): 35 – 56.

[86] Brown, J. S. et P. Duguid. Organizing knowledge. [J] . California management review, 1998 (40): 3 – 91.

[87] Burt, R. S. Structural Holes: The Social Structure of Competition [M]. Cambridge, MA: Harvard University Press, 1995.

[88] Burt, R. , Hogarth, R. M. , & Michaud, C. The Social Capital of French and American Managers [J]. Organization Science, 2000 (11): 123 – 147.

[89] Burt, R. . struetural holes: The social strueture of competition. [M]. Cambridge, MA: Harvard University Press, 1992.

[90] C Lechner, K Frankenberger, SW Floyd. Academy of Management Task contingencies in the curvilinear relationships between intergroup networks and initiative performance [J]. Academy of Management, 2010 (2): 1 – 62.

[91] Canadian Health Services Research FoundationThe theory and practice of knowledge brokering in Canada's health system, Ottawa: Canadian Health

Services Research Foundation, www. chsrf. ca/brokering /pdf/ Theory and_Practice_e. pdf, 2003.

[92] Carlile, P. R. Transferring, Translating and Transforming: An Integrative Framework for Managing Knowledge across Boundaries [J]. Organization Science, 2004, 15 (5): 555 – 568.

[93] Charles Dhanaraj, Marjorie A Lyles, H Kevin Steensma and Laszlo Tihanyi. Managing tacit and explicit knowledge transfer in IJVs: the role of relational embeddedness and the impact on performance [J]. Journal of International Business Studies, 2004 (35): 428 – 442.

[94] Charles Williams. Transfer in context: RANSFER IN CONTEXT: Replication and Adaptation in Knowledge transfer Relationships [J]. Strategic Management Journal, 2007 (28): 867 – 889.

[95] Chen, C. – J, & Huang, J. – W. How organizational climate and structure affect knowledge management-The social interaction perspective [J]. International Journal of Information Management, 2007, 27 (2): 104 – 118.

[96] Chesbrough, H. M. and Crowther, A. K. Beyond high tech: early adopters of open innovation in other industries [J]. R&D Management, 2006, 36 (3): 229 – 236.

[97] Cillo, P. Fostering Market Knowledge Use in Innovation: The Role of Internal Brokers [J]. European Management Journal, 2005, 23 (4): 404.

[98] Cohen, W. M. , & Levinthal, D. A. Absorptive capacity: a new perspective on learning and innovation [J]. Administrative Science Quarterly, 1990 (35): 128 – 152.

[99] Coleman, J. S. Social capital in the creation of human capital [J]. American Journal of Sociology, 1988 (94): 95 – 120.

[100] Coleman, J. S. , Foundations of Social Theory [M]. Cambridge: Harvard University Press, 1990: 124 – 267.

[101] Conklin, J. , E. Lusk, M. Harris et P. Stolee. Knowledge brokers in

a knowledge network: the case of Seniors Health Research Transfer Network knowledge brokers. [J]. Implementation Science, 2013, 8 (1): 1 – 10.

[102] Costenbader, E. & Valente, T. W. The stability of centrality measures when networks are sampled [J]. Social Networks, 2003 (25): 283 – 307.

[103] Croft, D. P., James, R., Ward, A. J. W., Bothman, A. S., Mawdsley, D. & Krause, J. Assortative interactions and social networks in fish [J]. Oecologia, 2005 (143): 211 – 219.

[104] Cross, R. and Parker, A. The hidden power of social networks: Understanding how work really gets done in organizations [M]. 2004.

[105] Cross, R., & Prusak, L. The people who make organizations go-or stop [J]. Harvard Business Review, 2002 (7): 5 – 12.

[106] Cuauhcihuatl Vital, P. Martins. Using Graph Theory Metrics to Infer Information Flow Through Animal Social Groups: A Computer Simulation Analysis [J]. Ethology, 2009 (115): 347 – 355.

[107] Cummings J. L. Teng B. S. Transferring R&D knowledge: The key factors affecting knowledge transfer success [J]. Journal of Engineering and Technology Man-agement, 2003 (20): 39 – 68.

[108] D. Galunic, S. Rondan, Resource recombination in the firm: knowledge structures and the potential for Schumpeterian innovation [J]. Strateg. Manag, 1998: 1193 – 1201.

[109] Dana B. Minbaeva. Knowledge Transfer in Multinational Corporations [J]. Management International Review, 2007 (47): 567 – 593.

[110] Daniel Z. Levin, Rob Cross. The Strength of Weak Ties You Can Trust: The Mediating Role of Trust in Effective Knowledge Transfer [J]. MANAGEMENT SCIENCE, 2004, 50 (11): 1477 – 1490.

[111] Danneels, E. The dynamics of product innovation and firm competencies [J]. Strategic Management Journal, 2002 (23): 1095 – 1121.

[112] Dhanaraj C. Lyles M. Steensma H. Tihnyi L. Managing tacit and ex-

plicit knowledge transfer in ijvs: the role of relational embeddedness and the impact on performance [J]. Journal of International Business Studies, 2004 (35): 428 –442.

[113] Dixon N M. Common Knowledge: How Companies hrive by Sharing What They Know [M]. Boston: Harvard Business School Press, 2000: 137.

[114] Dong Gil K, Kirsch L J. Antecedents of knowledge transfer from consultants to clients in enterprise system implementation [J]. MIS Quarterly, 2005, 29 (1): 59 – 85.

[115] Dow, D. Band A. ^Karunaratna, Developing a Multidimensional Instrument to Measure Psychic Distance Stimuli. [J]. Journal of International Business Studies, 2006, 37 (5): 578 –602.

[116] Dyer JH, Nobeoka K. Creating and maintaining a high-performance knowledge-sharing network: the Toyota case [J]. Strateg Manage J, 2000 (21): 345 –367.

[117] Dyer, J. H. , Singh, H. , . The relational view: cooperative strategy and sources of interorganizational competitive advantage [J]. Academy of Management Review, 1998, 23 (4): 660 –679.

[118] Eisenhardt, K. and Martin, J. Dynamic Capabilities: what are they? [J]. Strategic Management Journal, 2000 (21): 1105 –1121.

[119] Eoin Whelan, Robin Teigland, Brian Donnellan, and Willie Golden. How Internet technologies impact information flows in R&D; reconsidering the technological gatekeeper [J]. Info Systems J, 2013 (23): 197 –218.

[120] Faems, D. , Janssens, M. , & van Looy, B. The initiation and evolution of interfirm knowledge transfer in R&D relationships [J]. Organization Studies, 2007, 28 (11): 1699 –1728.

[121] Fangcheng Tang, Jifeng Mu, Douglas L. MacLachlan. Implication of network size and structure on organizations' knowledge transfer [J]. Expert Systems with Applications, 2008 (34): 1109 –1114.

[122] Fariza Achcaoucaou, Paloma Miravitlles, Fidel Leo'n-Darder. Knowledge sharing and subsidiary R&D mandate development: A matter of dual embeddedness [J] International Business Review, 2014 (23): 76 – 90.

[123] Finestone, N. and Snyman, R. Corporate South Africa: manking multiculture knowledge sharing work [J]. Journal of Knowledge Management, 2005, 9 (3): 128 – 141.

[124] Flack J C, Michelle G, Waal F B M D, et al., Policing stabilizes construction of social niches in primates. [J]. Nature, 2006, 439 (7075): 426 – 429 (26 January 2006) | doi: 10.1038/nature04326.

[125] Ford, D. Understanding business markets: Interaction, relationships and networks [M]. London: Academic Press, 1990.

[126] Frédéric Rychen & Jean-Benoît Zimmermann. Clusters in the Global Knowledge-based Economy: Knowledge Gatekeepers and Temporary Proximity [J]. Regional Studies, 2008 (42): 767 – 776.

[127] Freeman, L. C. Centrality in social networks: conceptual clarification [J]. Social Networks, 1979 (1): 215 – 239.

[128] Friedman, R. A., and Podolny, J. Differentiation of Boundary Spanning Roles: Labor Negotiations and Implications for Role Conflict [J]. Administrative Science Quarterly, 1992: 28 – 47.

[129] Frishammar, J. and Horte, S. A. Managing external information in manufacturing firms: The impact on innovation performance [J]. Journal of Product Innovation Management, 2005 (22): 251 – 266.

[130] Frost, T. S. The geographic sources of foreign subsidiaries' innovations [J]. Strategic Management Journal, 2001 (22): 101 – 123.

[131] G. Ahuja, Collaboration networks, structural holes, and innovation: a longitudinal study [J]. Admin. Sci. Q, 2000, 45 (3): 425 – 455.

[132] G. March. Exploration and Exploitation in Organizational Learning [J]. Organization science, 1991 (1): 71 – 87.

[133] Gabbay SM, Zuckerman EW. Social capital and opportunity in corporate R&D: the contingent effect of contact density on mobility expectations [J]. Soc SciRes, 1998 (27): 189 – 217.

[134] Gambetta, D. Can we trust trust? In D. Gambetta (Ed.), Trust: Making and breaking cooperative relations: 1988: 213 – 238. New York: Basil Blackwell.

[135] Giblert M. &Cordey-Hayes, M. Understanding the process of knowledge transfer to achieve successufl technological innovatoin [J]. Technovation, 1996, 16 (6): 301 – 312.

[136] Girvan, Michelle, and Mark E. J. Newman. Community Structure in Social and Biological Networks [J]. Proceedings of the National Academy of Sciences, 2002, 99 (12): 7821 – 7826.

[137] GITTELMAN M. and KOGUT B. Does good science lead to valuable knowledge? biotechnology firms and the evolutionary logic of citation patterns [J]. Management Science, 2003, 49 (4): 366 – 382.

[138] Giuliani, E., Bell, M. The micro-determinants of meso-level learning and innovation: evidence from a Chilean wine cluster [J]. Research Policy, 2005 (34): 47 – 68.

[139] Goh, S. Managing effective knowledge transfer: An integrative framework and some practice implications [J]. Journal of Knowledge Management, 2002, 6 (1): 15 – 22.

[140] Gomez-Mejia, L. R. and L. E. Palich. Cultural Diversity and the Performance of Multinational Firms [J]. Journal of International Business Studies, 1997, 28 (2): 309 – 335.

[141] Gould, R., & Fernandez, R. Structures of mediation: A formal approach to brokerage in transaction networks [J]. Sociological Methodology, 1989 (19): 89 – 126.

[142] Gradwell, T. Outsourcing knowledge creation: don't give the game

away [J]. Specialty Chemicals, 2003, 23 (8): 24 – 25.

[143] Granovetter, M. The strength of weak ties [J]. American Journal of Sociology, 1973 (78): 1360 – 1380.

[144] Grant RM. Prospering in dynamically-competitive environments: organizational capability as knowledge integration [J]. Organ Sci, 1996, 7 (4): 375 – 387.

[145] Guimaraes, P. R. , Jr, M. A. de Menezes, R. W. Baird, D. Lusseau, P. Guimaraes, and S. F. dos Reis. Vulnerability of a killer whale social network to disease outbreaks [J]. Physical review E, 2007 (76): 345 – 365.

[146] Gupta AK, Govindaraj an V. Knowledge flows and structure of control within the multinational corporations [J]. Academy of Management Review, 1991, 16 (4): 768 – 792.

[147] Gupta AK, Govindarajan V. Knowledge flows within multinational corporations [J]. Strategic Management Journal, 2000, 21 (4): 473 – 496.

[148] H Ibarra, M Hansen Are you a collaborative leader? [J]. Harvard Business Review, 2011 (6): 1 – 17.

[149] H. R. Greve, Exploration and exploitation in product innovation [J]. Ind. Corp. Change, 2007, 16 (5): 945 – 975.

[150] Hailey, D. Effective dissemination of findings from research-A compilation of essays [J]. In IHE report, 2008: 1 – 88.

[151] Haines, v. , Hurlbert, J. Network range and health [J]. Journal of Health and Social behavior, 1992, 33 (3): 254 – 266.

[152] Hajer Hammami, Nabil Amara, Réjean Landry. Organizational climate and its influence on brokers' knowledge transfer activities: A structural equation modeling [J]. International Journal of Information Management, 2013 (33): 105 – 118.

[153] Hakanson L, Nobel R. Technology characteristics and reverse technology transfer [R]. the Annual Meeting of the academy of International business,

Vienna, Austria, 1998.

［154］ Hamel G. Competition for competence and inter partner learning within international strategic alliances ［J］. Management Journal, 1991 (12): 83 – 103.

［155］ Hansen MT. The search-transfer problem: the role of weak ties in sharing organizational knowledge across subunits ［J］. Administrative Science Quarterly, 1999, 44 (1): 82 –111.

［156］ Harada, T. Three steps in knowledge communication: the emergence of knowledge transformers ［J］. Research Policy, 2003, 32: 1737 –1751.

［157］ Hargadon, A. & Sutton, R. I. Technology brokering and innovation in a product development firm ［J］. Administrative Science Quarterly, 1997, 42 (4): 718 –749.

［158］ Hargadon, A. B. Brokering knowledge: Linking learning and innovation ［J］. Research in Organizational behavior, 2002, 24: 41 –85.

［159］ Hargadon, A. Firms as knowledge brokers: Lessons in pursuing continuous innovation ［J］. California Management Review, 1998, 40 (3): 209 – 227.

［160］ Harvey, M. G. , Novicevic, M. M. and Speier, C. Inpatriate managers: How to increase the probability of success ［J］. Human Resource Management Review, 1999, 9 (1): 51 –81.

［161］ Henderson, R. and Cockburn, I. Scale, scope, and spillovers: the determinant-s of research productivity in drug discovery ［J］. RAND Journal of Economics, 1996 (27): 32 –59.

［162］ Hiroyuki Okamuro. Determinants of successful R&D cooperation in Japanese small businesses: The impact of organizational and contractual characteristics ［J］. Research Policy, 2007 (36): 1529 –1544.

［163］ Howells, J. Intermediation and the role of intermediaries in innovation ［J］. Research Policy, 2006, 35 (5): 7 –15.

［164］Huberman, M. Research Utilization: The state of art Knowledge & Policy ［J］. The International Journal of Knowledge Transfer and Utilization, 1994, 7 (4): 13 - 33.

［165］Iansiti M, Ckark K B. Integration and dynamic capability: Evidence from development in automoniles and mainframe computers ［J］. Industrial and Corporate, 1994 (3): 557 - 605.

［166］Indre Maurer. How to build trust in inter-organizational projects: The impact of project staffing and project rewards on the formation of trust, knowledge acquisition and product innovation ［J］. International Journal of Project Management, 2010 (28): 629 - 637.

［167］Ingmar Björkman, Wilhelm Barner-Rasmussen and Li Li Managing knowledge transfer in MNCs: the impact of headquarters control mechanisms ［J］. Journal of International Business Studies, 2004 (35): 443 - 455.

［168］Inkpen A, Tsang EW. Social capital, networks and knowledge transfer ［J］. Acad Manage Rev, 2005 (30): 146 - 65.

［169］Inkpen, A. C. Inkpen, A. Dinur, Knowledge management processes and international joint ventures ［J］. Organization Science, 1998: 454 - 468.

［170］Jacquier-Roux, V. , & Paraponaris, C. Diversity and knowledge sharing: an analysis of integration processes in Multinational Firms ［J］. Journal of Information and Knowledge Management Systems, 2012, 42 (3): 335 - 349.

［171］Jaffe, A. B. , Trajtenberg, M. , & Henderson, R. Geographic localization of knowledge spillovers as evidenced by patent citations ［J］. Quarterly Journal of Economics, 1993 (108): 577 - 598.

［172］James Conklin, Elizabeth Lusk, Megan Harrisand Paul Stolee. Knowledge brokers in a knowledge network: the case of Seniors Health Research Transfer Network knowledge brokers ［J］. Implementation Science, 2013 (8): 34 - 78.

［173］Jaw, B. -S. , & Liu, W. Promoting organizational learning and self-renewal in Taiwanese companies: The role of HRM [J]. Human Resource Management, 2003, 42 (3): 223 –241.

[174] Jehn, K. A., Noithcraft, G. B., & Neale, M. A. Why differences make a difference: A field study of diversity, conflict, and performance in work groups [J]. Administrative Science Quarterly, 1999 (44): 741 –763.

[175] Jensen, R, and Szulanski, G. Stickiness and the adaptation of organizational practices in cross-broder knowledge transfers [J]. Journal of international business studies, 2004 (35): 508 –523.

[176] Jocelyn Cranefield, Pak Yoong. Interorganisational knowledge transfer: the role of the gatekeeper [J]. International Journal of Knowledge and Learning, 2007 (3): 56 –89.

[177] Johanson Mattsson. Interorganizational relations in industrial systems: a network approach campared with transaction cost approach [J]. International studies of management &Organization, 1987, 7 (1): 3448.

[178] Johnston, L., Robinson, S., & Lockett, N. Recognising "open innovation" in HEI-industry interaction for knowledge transfer and exchange [J]. International Journal of Entrepreneurial Behavior and Research, 2010, 16 (6): 540 –560.

[179] Jones, O. Developing Absorptive Capacity in Mature Organizations: The Change Agent's Role [J]. Management Learning, 2006, 37 (3): 355.

[180] Jorge Walter, Christoph Lechner, Franz W. Kellermanns. Knowledge transfer between and within alliance partners: Private versus collective benefits of social capital [J]. Journal of Business Research, 2007 (60): 698 –710.

[181] Justin Waring, Graeme Currie, Amanda Crompton, Simon Bishop. An exploratory study of knowledge brokering in hospital settings: Facilitating knowledge sharing and learning for patient safety? [J]. Social Science & Medicine, 2013, 9 (8): 79 –86.

[182] K. D. Simonton, Creativity from a historiometric perspective, in:

R. J. Sternberg （Ed. ） ［M］. Handbook of Creativity, Cambridge University Press, New York, 1999: 116 – 133.

［183］ Kang S, Morris S S, Snell S A. Relational archetypes, organizational learning, and value creation: Extending the human resource architecture ［J］. Academy of Management Review, 2007, 32 （1）: 236 – 256.

［184］ Karen L. Johnson, Linda Duxbury. The view from the field: A case study of the expatriate boundary-spanning role ［J］. Journal of World Business, 2010 （45）: 29 – 40.

［185］ Katsnelson, E. , Motro, U. Feldman, M. W. & Lotem, A. Early experience affects producer-scrounger foraging tendencies in the house sparrow ［J］. Anim. Behav, 2008 （75）: 1465 – 1472.

［186］ Katz, R. and Tushman, M. An investigation into the managerial roles and career paths of gatekeepers and project supervisors in a major R&D facility ［J］.. R&D Management, 1981 （11）: 103 – 110.

［187］ Katz, R. and Tushman, M. A longitudinal study of the effects of boundary spanning supervision on turnover and promotion in research and development ［J］. Academy of Management Journal, 1983 （26）: 427 – 456.

［188］ Katz, R. , & Allen, T. J. Investigating the not invented here （NIH） syndrome: A look at the performance, tenure, and communication patterns of 50 R&D project groups ［J］. R&D Management, 1982 （12）: 7 – 19.

［189］ Katz, R. , & Tushman, M. External communication and project performance: an investigation into the role of gatekeepers ［J］. Management Science, 1980, 26 （11）: 1071 – 1085.

［190］ Kauffeld-Monz & Fritsch. Who are the brokers of knowledge in regional systems ofinnovation? A multi-actor network analysis ［J］. Jena Economic Research Papers, 2008: 89.

［191］ Kenis P, Knoke D. How organizational field networks shape interorganizational tie-formation rates ［J］. Acad Manage Rev, 2002, 27 （2）: 275 –

293.

[192] Kevin Y. Au, John Fukuda. Boundary spanning behaviors of expatri-
ates [J]. Journal of World Business, 2002, 3 (37): 285 – 296.

[193] Kevin Y. Au, John Fukuda. Boundary spanning behaviors of expatri-
ates [J]. Journal of World Business, 2002 (37): 285 – 296.

[194] Klingner, J. K., and Vaughn, S. Reciprocal teaching of reading
comprehendsion strategies for students with learning disabilities who use English as
a second language [J]. Elementary School Journal, 1996 (96): 275 – 293.

[195] Knowledge Transfer and Accommodation Effects in Multinational Cor-
porations: Evidence from European Subsidiaries [J]. Journal of Management,
2013 (39): 1397 – 1429.

[196] Kogut, Bruce. The Network as Knowledge: Generative Rules and the
Emergence of Structure [J]. Strategic Management Journal, 2000 (21): 405 –
425.

[197] Kogut, B. & Zander, U.. Knowledge of the firm and the evolutionary
theory of the multinational corporation [J]. Journal of International Business Stud-
ies, 1993 (24): 625 – 645.

[198] Koka, B. R. and Prescott, J. E. Strategic alliances as social capital:
A multidimensional view [J]. Strategic Management Journal, 2002, 23 (9):
795 – 816.

[199] Koka, B. R. and Preseott, J. Strategic Allianeesas Social CaPital: A
Multidimensional View [J]. Strategic Management Journal, 2002 (23): 795 –
816.

[200] Koskinen, K. U., Pihlanto, P., Vanharanta, H.. Tacit knowl-
edgeacquisition and sharing in a project work context [J]. International Journal of
Project Management, 2003, 21 (4): 281 – 290.

[201] Kostova T. Roth K. Adoption of organizational practice by subsidiary of
multinational corporations: institutional and relational effects [J]. Academy of

Management Journal, 2002, 45 (1): 215 -233.

[202] Kostova, T. , & Roth, K. Social capital in multina-tional corporations and a micro-macro model of its formation [J]. Academy of Management Review, 2003, 28 (2): 297 -317.

[203] Krackhardt, D. Social Networks [M]. Encyclopedia of Group Processes and Intergroup Relations, 2010: 817 -821.

[204] Krackhardt, D. The Strength of Strong Ties: The Importance of Philos in Organizations: In Networks and Organizations: Structures, Form and Action [M]. Boston: Harvard Business School Press, 1992: 216 -239.

[205] Kraimer, M. L. , Wayne, S. J. and Jaworski, R. A. Sources of support and expatriatee performanee: The mediating role of expatriate adjustment [J]. Personnel Psyehology, 2001 (54): 71 -99.

[206] KRISTIINA MÄKELÄ. Knowledge Sharing Through Expatriate Relationships: A Social Capital Perspective [J]. Int. Studies of Mgt. &Org, 2007 (37): 108 -125.

[207] L. Fleming, O. Sorenson, Technology as a complex adaptive system: evidence from patent data [J]. Res. Policy, 2001, 30 (7): 1019 -1039.

[208] L. Fleming, Recombinant uncertainty in technological search [J]. Manag. Sci, 2001, 47 (1): 117 -132.

[209] Lacey, K. E. & Martins, E. P. The effect of anthropogenic habitat usage on the social behaviour of a vulnerable species, Cyclura nubile [J]. Animal Conservation, 2003 (6): 3 -9.

[210] Landry, R. , Amara, N. , & Lamari, M. Utilization of social science research knowledge in Canada [J]. Research Policy, 2001b (30): 333 -349.

[211] Lane, P. J. , & Lubatkin, M. Relative absorptive capacity and inter-organizational learning [J]. Strategic Management Journal, 1998 (19): 461 -477.

[212] Larson, A. Network Dyads in Entrepreneurial Settings: A Study of the Govemance of Exchange Relationshps [J]. Administrative Seience Quarterly, 1992 (37): 76 – 104.

[213] Laurens Hulshof. Who are the gatekeepers in innovation networks of the German biotechnology sector? Image on front page: complete model of actors in the Sixth Framework Program selected for this study, visualized in Netdraw (Borgatti, 2002).

[214] Leana CR, Van Buren HJ. Organizational social capital and employment practices [J]. Acad Manage Rev, 1999, 24 (2): 538 – 555.

[215] Lee Fleming A, Olav Sorenson B Technology as a complex adaptive system: evidence from patent data [J]. Research policy, 2001 (30): 1019 – 1039.

[216] Leonardo Costa Ribeiro, Ricardo Machado Ruiz, Eduardo da Motta e Albuquerque, Américo T. Bernarde. The diffusion of technological knowledge through interlaced networks [J]. Computer Physics Communications, 2011 (17): 1875 – 1878.

[217] Levina, N., & Vaast, E. The emergence of boundary spanning competence in practice: implications for implementation and use of information systems [J]. MIS Quarterly, 2005, 29 (2): 335 – 363.

[218] Lomas, J. The in-between world of knowledge brokering [J]. BMJ, 2007, 334 (7585): 129 – 132.

[219] Lyles, M. A., and Salk, J. E. Knowledge acquisition from foreign partners in international joint ventures [J]. Journal of International Business, 1996 (27): 877 – 903.

[220] M Yamin and Juliet Otto. Patterns of Knowledge Flows and MNC Innovative performance [C]. Proceedings of the 4th igms ciber research forum temple university, philadelphia, USA March 29, 2003.

[221] M. Ann Mcfadyen, Albert A. Cannelia, Jr. Social Capital and knowl-

edge Creation: Diminishing Returns of The Number and Strength of Exchange Relationships [J]. Academy of Management Journal, 2004, 47 (5): 735 – 746.

[222] Macdonald, S. and Williams, C. Beyond the boundary: An information perspective on the role of the gatekeeper in the organization [J]. Journal of Product Innovation Management, 1993 (10): 417 – 427.

[223] Mäkelä, K. , H. Kalla, and R. Piekkari. Interpersonal Similarity as a Driver of Knowledge Sharing Within Multinational Corporations [J]. International Business Review, 2007, 16 (1): 1 – 22.

[224] Maria Adenfelt, Katarina Lagerström. The Development and Sharing of Knowledge by Centres of Excellence and Transnational Teams: A Conceptual Framework [J]. management international review, 2008 (48): 319 – 334.

[225] Marsden, P. V. Network Data and Measurement [J]. Annual Review of Sociology, 1990 (16): 435 – 463.

[226] Marshall Van Alstyne. The State of Network Organization: A Survey in Three Frameworks [J]. Journal of Organizational Computing and Electronic. 1997, 7 (2 /3): 83 – 151.

[227] Martin, X. , & Salomon, R. Knowledge transfer capacity and its implications for the theory of the multinational corporation [J]. Journal of International Business Studies, 2003, 34: 356 – 373.

[228] Mathot, K. J. & Giraldeau, L. -A. Increasing vulnerability to predation increases preference for the scrounger foraging tactic [J]. Behav. Ecol, 2008 (19): 131 – 138.

[229] Matias Ramirez. Gatekeepers, Knowledge Brokers and Inter-Firm Knowledge Transfer in Beijing's Zhongguancun Science Park [J]. International Journal of Innovation Management, 2010 (14): 93 – 122.

[230] McEvily B, Zaheer A. Bridging ties: a source of firm heterogeneity in competitive capabilities [J]. Strateg Manage J, 1999 (20): 1133 – 1156.

[231] Melkas, H. & Harmaakorpi, V. Data, information and knowledge in

regional innovation networks: Quality considerations and brokerage functions [J]. European Journal of Innovation Management, 2008, 11 (1): 103 – 124.

[232] Meyer, M. The Rise of the Knowledge Broker [J]. Science Communication, 2010b, 32 (1): 118 – 127.

[233] Milliken, F. J. & Martins, L. L. Searching for common threads: Understanding the multiple effects of diversity in organizational groups [J]. Academy of Management Review, 1996 (21): 402 – 433.

[234] Min Lin, Nan L i. Scale-free network provides an optimal pattern for knowledge transfer [J]. Physica A, 2010 (389): 473 – 480.

[235] Molinsky, A. Cross-cultural code-switching: The psychological challenges of adapting behavior in foreign cultural interactions [J]. Academy of Management Review, 2007, 32 (2): 622 – 640.

[236] Monge, P. R. , and N. S. Contractor. Theories of Communication Networks [M]. New York: Oxford University Press, 2003.

[237] Morrison A Gatekeepers of knowledge within industrial districts: who they are, how they interact [J]. Regional Studies, 2008 (42): 817 – 835.

[238] Nahapiet, J. , & Ghoshal, S. Social capital, intellectual capital, and the organizational advantage [J]. Academy of Management Review, 1998 (23): 242 – 266.

[239] Newman, M. E. J. , Forrest, S. & Balthrop, J. Email networks and the spread of computer viruses [J]. Physical Review, 2002 (66): 1 – 4.

[240] Foss N J, Pedersen T. Transferring knowledge in MNCs: The role of sources of subsidiary knowledge and organizational context [J]. Journal of International Management, 2002, 8 (1): 49 – 67.

[241] Nicolai J. Foss and Torben Pedersen. The MNC as a Knowledge Structure: The Roles of Knowledge Sources and Organizational Instruments in MNC Knowledge Management [J]. Working Paper, 2001: 3 – 9.

[242] Nissen, M. E. Harnessing knowledge dynamics. Principled organiza-

tional knowing & learning [M]. IRM Press, 2006.

[243] Nonaka I. A dynamic theory of organizational knowledge creation. Organization [J]. Organisation Science, 1994, 5 (1): 14 – 37.

[244] Nonaka, I., & Takeuchi, H. The knowledge-creating company. London: Oxford University Press, 1995.

[245] Nooteboom, B. Inter-Firm Collaboration, Learning and Networks [M]. London, Routledge, 2004.

[246] Nooteboom, B., Problems and Solutions in Knowledge Transfer. Paper for the conference on The influence of co-operation, networks and institutions on regional innovation systems. Max Planck Institute, Jena, 8 – 10 February 2001.

[247] Nooteboom, B., Van Haverbeke, W., Duysters, G., Gilsing, V. & van den Oord, A. Optimal cognitive distance and absorptive capacity [J]. Research Policy, 2007, 36 (7): 1016 – 1034.

[248] Nunnally, J. C. Psychometric Theory, McGrawHill, New York, NY, 1978.

[249] Oliver, A. and Liebeskind, J. Three levels of networking for sourcing intellectual capital in biotechnology: implications for studying inter-organisational networks [J]. International Study Management Organisation, 1998, 27 (4): 76 – 103.

[250] P. G. Audia, J. A. Goncalo, Past success and creativity over time: a study of investors in the hard disk drive industry [J]. Manag. Sci, 2007 (53): 1 – 15.

[251] Paul Williams Paper to the ESRC Research Seminar Series-Collaborative Futures: New Insights from Intra and Inter-Sectoral Collaborations, University of Birmingham, February 2010.

[252] Pawlowski, Suzanne D. and Robey, Daniel. Bridging User Organizations: Knowledge Brokering and the Work of Information Technology Professionals

[J]. MIS Quarterly, 2004 (28): 4.

[253] Perrin, A. Knowledge lost in translation: the role of knowledge brokers in knowledge transfer [J]. International Journal of Information Technology & Management, 2013, 12 (3): 214 – 225.

[254] Phelps, C. C. Alongitudinal Study of the influence of alliance network structure and composition on firm exploratory innovation [J]. Aeademy of Management Joumal, 2010, 53 (4), 890 – 913.

[255] Pinto J K, Mantel S J. The causes of project failure [J]. IEEE Transactions on Engineering Management, 1990, 37 (4): 269 – 276.

[256] Polanyi M. The tacit dimension [M]. London: Rontledge and Kegat, 1966.

[257] Porter, M. E. The competitive advantage of nations [M]. New York: Free Press, 1990.

[258] Powell, W. W., Koput, K. W., & Smith-Doerr, L.. Interorganizational collaboration and the locus of innovation: Networks of learning in biotechnology [J]. Administrative Science Quarterly, 2003 (41): 116 – 145.

[259] Pratim, D. An Agent-Mediated Knowledge-in-Motion Model [J]. Journal of the Association for Information Systems, 2007, 8 (5): 287.

[260] PV Marsden, KE Campbell. Measuring Tie-strength [J]. Social forces, 1984 (63): 482 – 501.

[261] R. Sampson, Organizational choice in R&D alliances: knowledge-based and transaction cost perspectives [J]. Manag. Decis. Econ, 2004 (25): 421 – 436.

[262] Ramirez, M., & Dickenson, P. Gatekeepers, Knowledge Brokers and Inter-Firm Knowledge Transfer in Beijing's Zhongguancun Science Park [J]. International Journal of Innovation Management, 2010, 14 (1): 93 – 122.

[263] Raymond van Wijk Justin J. P. Jansen Marjorie A. Lyles. Inter and Intra-Organizational Knowledge Transfer: A Meta-Analytic Review and Assessment

of its Antecedents and Consequences [J]. Journal of Management Studies, 2008, 45 (4): 830 – 853.

[264] Reagans R, McEvily B. Network Structure and Knowledge Transfer—The Effects of Cohesion and Range [J]. Administrative Science Quarterly, 2003, 48 (2): 240 – 267.

[265] Reagans R, Zuckerman E, McEvily B. How to make the team: social networksvs. demography as criteria for designing effective teams [J]. Administrative Science Quarterly, 2004 (49): 101 – 33.

[266] Reagans R, Zuckerman EW. Networks, diversity, and productivity: the social capital of corporate R&D teams [J]. Organ Sci, 2001, 12 (4): 502 – 17.

[267] Reagans, R, McEvily, B, . Network structure and knowledge transfer: The effects of cohesion and range [J]. Administrative Science Quarterly, 2003, 48 (2): 240 – 267.

[268] Reagans, R. , & McEvily, B. Network structure and knowledge transfer: The effects of cohesion and range [J]. Administrative Science Quarterly, 2003 (48): 240 – 267.

[269] Roy Y. J. Chuaa, Michael W. Morrisb, 1, Shira Mor. Collaborating across cultures: Cultural metacognition and affect-based trust in creative collaboration [J]. Organizational Behavior and Human Decision Processes, 2012, 118 (2): 116 – 131.

[270] Roy, D. , & Fortin, J. Uncovering gender discrimination cues in a realistic setting [J]. Journal of Vision, 2009, 17 (2): 1 – 8.

[271] Ruby P. Lee Qimei Chen Daekwan Kim Jean L. Johnson. Knowledge Transfer Between Multinational Corporations' Headquarters and Their Subsidiaries: Influences on and Implications for New Product Outcomes [J]. Journal of International Marketing, 2008, 16 (2): 1 – 31.

[272] Russell, D. J. , L. M Rivard, S. D. Walter, P. L. Rosenbaum, L.

Roxborough, D. Cameron et L. M. Avery. Using knowledge brokers to facilitate the uptake of pediatric measurement tools into clinical practice: a before-after intervention study [J]. Implementation Science, 2010 (5): 1 – 92.

[273] S. L Paterson, D. M Brock The development of subsidiary-management research: review and theoretical analysis [J]. International Business Review, 2002, 11 (2): 139 – 163.

[274] Santoro, M. and Gopalakrishnan, S. Relationship dynamics between university research centers and industrial firms: Their impact on technology transfer activities [J]. Journal of Technology Transfer, 2001, 26 (1): 163 – 171.

[275] Santoro, M. D., Coll. of Bus. & Econ., Lehigh Univ., Bethlehem, PA; Bierly, P. E. Facilitators of Knowledge Transfer in University-Industry Collaborations: A Knowledge-Based Perspective [J]. Engineering Management, 2006, 53 (4): 495 – 507.

[276] Santoro, M. D., Coll. of Bus. & Econ., Lehigh Univ., Bethlehem, PA; Saparito, P. A Self-Interest Assumption and Relational Trust in University Industry Knowledge Transfers [J]. Engineering Management, 2006, 53 (3): 335 – 347.

[277] Sasovova, Z., A. Mehra, S. P. Borgatti et M. C. Schippers Network churn: The effects of self-monitoring personality on brokerage dynamic [J]. Administrative Science Quarterly, 2010, 55 (4): 639 – 670.

[278] Schlegelmilch B B, Chini T C. Knowledge transfer between marketing functions in multinational companies: a conceptual model [J]. International Business Review, 2003, 12 (2): 215 – 232.

[279] Schulz M. The uncertain relevance of newness: organizational learning and knowledge flows [J]. Academy of Managemeht Jourhal, 2001, 44 (4): 661 – 681.

[280] Schulz, M. Pathways of relevance: Exploring inflows of knowledge into subunits of multinational corporations [J]. Organization Science, 2003

(14)：440 – 459.

［281］Schwab F J, Smith V A, Biserni M, et al. Adult scoliosis：a quantitative radiographic and clinical analysis ［J］. Spine, 2002, 27 (4)：387 – 392.

［282］Scott, W. Organisations：Rational, Natural and Open systems ［M］. Englewood Cliffs：New Jersey：Prentice Hall. 1992 Science 5 (1)：14 – 37.

［283］Seid, M. A. & Traniello, J. F. A. Age-related repertoire expansion and division of labor in Pheidole dentata (Hymenoptera：Formicidae)：a new perspective on temporal polyethism and behavioral plasticity in ants ［J］. Behav. Ecol. Sociobiol, 2006 (60)：631 – 644.

［284］Seufert, A, vonKrogh, G. and Bach, A. Towards knowledge networking ［J］. Journal of Knowledge Management, 1999, 3 (3)：180 – 190.

［285］Seung Kyoon Shin, Woong Kook. Can knowledge be more accessible in a virtual network? Collective dynamics of knowledge transfer in a virtual knowledge organization network ［J］. Decision Support Systems 2014 (59)：180 – 189.

［286］Shin, S. J. , T. Y. Kim, J. Y. Lee, & L. Bian. Cognitive team diversity and individual team member creativity：A cross-level interaction ［J］. Academy of Management Journal, 2012, 55 (1)：197 – 212.

［287］Skvoretz, J. , Fararo, T. J. &Agneessenis, F. Advaneedinbiasednettheory：definitions, derivations, andestimations ［J］. SoeialNetwork, 2004, 26 (2)：113 – 139.

［288］Song J, Almeida P, Wu G. Learning-by-hiring：When s Mobility More Likely to Facilitate Interfirm Knowledge Transfer? ［J］. Management Science, 2003, 49 (4)：351 – 365.

［289］Soon Ang, Linn Van Dyne Cultural Intelligence：Its Measurement and Effects on Cultural Judgment and Decision Making, CulturalAdaptation and Task Performance ［J］. Management and Organization Review, 2007 (3), 3：335 – 371.

［290］Sparrowe, R. , Liden, R. , Wayne, S. & Kraimer, M. , Social network and the performance of individuals and groups ［J］. Academy of Management Journal, 2001, 44 (2): 316 -325.

［291］Squire, B. , Cousins, P. D. , & Brown, S. Cooperation and knowledge transfer within buyer-supplier relationships: The moderating properties of trust, relationship duration and supplier performance. British Journal of Management, 2009, 20 (4): 461 -477.

［292］Suhaib Riaz, W. Glenn Rowe, Paul W. Beamish. Expatriate-deployment levels and subsidiary growth: A temporal analysis ［J］. Journal of World Business, 2014 (49): 1 -11.

［293］Sui-HuaYu. . Social capital, absorptive capability, and firm innovation ［J］. Technological Forecasting & Social Change Journal, 2013 (21): 1 -10.

［294］Sven C. Voelpel and Zheng Han. Managing knowledge sharing in China: The Case of Siemens ShareNet ［J］. Journal of Knowledge Management, 2005, 9 (3): 24 -40.

［295］Swan, J, Newell, S, Scarbourgh, H. and Hislop, D. Knowledge Management and Innovation: networks and networking ［J］. Journal of Knowledge Management, 1999 (3): 262 -275.

［296］Szulanzki, G. Exploring internal Stickness: Impediments to the Transfer of Best practice within the Firm ［J］. Strategic Management Journal, 1996 (17): 27 -43.

［297］Taylor, R. L. The technological gatekeeper ［J］. R&D Management, 1975, 5 (3): 239 -242.

［298］Teece DJ. Technology transfer by multinational corporations: The resource cost of transferring technological know-how ［J］. Economic Journal, 1977 (1): 242 -261.

［299］Tesluk, P. E. , Farr, J. L. , & Klein, S. R. Influences of organizational culture and climate on individual creativity [J]. Journal of Creative Behavior, 1997 (31): 27 –41.

[300] Thomas, D. C. , Elron, E. , Stahl, G. , Ekelund, B. Z. , Ravlin, E. C. , Cerdin, J. L. , et al. . Cultural Intelligence: Domain and Assessment [J]. International Journal of Cross Cultural Management, 2008, 8 (2): 123 – 143.

[301] Thompson, G. Between Hierarchies and Markets: The logic and limits of network forms of organization [M]. Oxford University Press: New York, 2003.

[302] Tijssen, R. Global and domestic utilisation of industrial relevant science: patent citation analysis of science-technology interactions and knowledge flows [J]. Research Policy, 2001 (30): 35 –54.

[303] Tina C. Ambos, Björn Ambos. The impact of distance on knowledge transfer effectiveness in multinational corporations [J]. Journal of International Management, 2009 (15): 1 –14.

[304] Tracy, P. and Clark, G. Alliances, Networks and Competitive Strategy: Rethinking Clusters of Innovation [J]. Growth and Change, 2003, 31 (4): 1 –16.

[305] Triandis, H. C. Culture and social behavior [M]. NewYork: McGraw Hill, 1994.

[306] Tsai, W. Knowledge transfer in intraorganizational networks: Effects of network position and absorptive capacity on business unit innovation and performance [J]. Academy of Management Journal, 2001 (44): 996 –1004.

[307] Tsai, W. Social structure of "coopetition" within a multiunit organization: Coord ination, competition, and intraorganizational knowledge sharing [J]. Organization Science, 2002 (13): 179 –190.

[308] Tsai, W. & Ghoshal, S. Social capital and value creation: The role of intrafirm networks [J]. Academy Management Journal, 1998 (41): 464 –476.

［309］ Tsai, W. R Social CaPital, Strategic Relatedness and the Formation of Intraorganizational Linkages ［J］. Strategie Management Journal, 2000 (21): 925 - 939.

［310］ Tsoukas, H. The firm as a distributed knowledge system: a constructionist approach ［J］. Strategic Management Journal, 1996 (17): 11 - 25.

［311］ Tushman, M. and Scanlan, T. Boundary spanning individuals: their role in information transfer and their antecedents ［J］. Academy of Management Journal, 1981, 24 (2): 289 - 305.

［312］ Tushman, M. Special boundary roles in the innovation process. Administrative Science Quarterly, 1977, 22 (12): 587 - 605.

［313］ Uizz, B. Social Structure and Competition in Interfirm NetWorks: The Paradox of Embeddedness ［J］. Administrative Seience Quarterly, 1997, 42 (1): 35 - 67.

［314］ Uzzi, B. , & Gillespie, J. J. Knowledge spillover in corporate financing networks: Embeddedness and the firm's debt performance ［J］. Strategic Management Journal, 2002 (23): 595 - 618.

［315］ Uzzi, Brian. A social network's changing statistical properties and the quality of human innovation ［J］. Journal of physics amathematical and theoretica, 2008, 41 (22): 102 - 124.

［316］ Van Krogh, G. Knowledge sharing and the communal resource. In M. Easterby Smith, & M. Lyles (Eds.), Handbook of organizational learning and knowledge management ［M］. Blackwell Publishing, 2003.

［317］ Victor Gilsingb, Bart Nooteboomb, Wim Vanhaverbekec, Geert Duystersd, Ad van den Oorda. Network embeddedness and the exploration of novel technologies: Technological distance, betweenness centrality and density ［J］. Research Policy, 2008, 37 (10): 1717 - 1731.

［318］ Vital, C. & Martins, E. P. 2007: SocANet: Software for analyzing animal social networks. http: //www. indiana. edu/ ~ martinsl/Programs/SocA-

Net. 2010, 14 (1): 93 – 122.

[319] W Stam, T Elfring Entrepreneurial Orientation and New Venture Performance: The Moderating Role of IntraAnd Extraindustry Social Capital [J]. Academy of Management Journal, 2008, 51 (1): 98 – 111.

[320] W. M. Cohen, D. A. Levinthal, Absorptive capacity: a new perspective on learning and innovation [J]. Administrative Seience Quarterly, 1990, 35 (1): 128 – 152.

[321] Walter, J. , Lechner, C. and Kellermanns, F. W. Knowledge transfer between and within alliance partners: Private versus collective benefits of social capital [J]. Journal of Business Research, 2007, 60 (3): 698 – 710.

[322] Ward, V. , S. Smith, A. House et S. Hamer, Exploring knowledge exchange: a useful framework for practice and policy [J]. Social Science & Medicine, 2012, 74 (3): 297 – 304.

[323] Wasserman, S. & Faust, K. Social Network Analysis: Methods and Applica tions [M]. Cambridge University Press, 1994.

[324] Wenger, E. Communities of practice: Learning, meaning, and identity. [M]. New York: Cambridge university press, 1998.

[325] Wenpin Tsai, Sumantra Ghoshal. Social Capital and Value Creation: The Role of Intrafirm Networks. [J]. The Academy of Management Journal, 1998, 41 (4): 464 – 476.

[326] Wenpin Tsai. Knowledge Transfer in Intraorganizational Networks: Effects of Network Position and Absorptive Capacity on Business Unit Innovation and Performance [J]. The Academy of Management Journal, 2001, 44 (5): 996 – 1004.

[327] Wenpin Tsai. Social structure of "coopetition" within a multiunit organization: Coordination, Competition, and Intraorganizational Knowledge Sharing [J]. Organ-ization Science, 2000, 13 (2): 179 – 190.

[328] Wey, T. , Blumstein, D. T. , Shen, W. & Jordán F. Social net-

work analysis of animal behaviour: a promising tool for the study of sociality. Animal Behaviour, 2008, 75 (2): 333 – 344.

[329] Williams T. Cooperation by design: structure and cooperation in interorganizational networks [J]. Journal of Business Research, 2005, 58 (2): 223 – 31.

[330] Szulanzki, G. Exploring internal Stickness: Impediments to the Transfer of Best practice within the Firm [J]. Strategic Management Journal, 1996, 17 (2): 27 – 43.

[331] Wong, W. K. , Cheung, S. O. , Yiu, T. W. , Pang, H. Y. , A framework oftrust in construction contracting [J]. International Journal of Project Management, 2008, 26 (8), 821 – 829.

[332] RL Cross, A Parker. The hidden power of social networks: Understanding how work really gets done inorga-nizations [M]. Harvard Business School Press, 2004.

[333] Xiaohui Liu, Lan Gao, Jiangyong Lu, Yingqi Wei. The role of highly skilled migrants in the process of interfirm knowledge transfer across borders [J]. Journal of World Business, 2015, 50 (3): 56 – 68.

[334] Yang, Q. Mudambi, R. , & Meyer, K. E. Conventional and reverse knowledge flows in multinational corporations [J]. Journal of Management. 2008, 34 (6): 882 – 902.

[335] Yikuan Lee, S. Tamer CavusgiEnhancing alliance performance: The effects of contractualbased versus relationalbased governance [J]. Journal of Business Research, 2006, 59 (4): 896 – 905.

[336] Yong Sauk Hau, Byoungsoo Kim, Heeseok Lee, Young Gul Kim. The effects of individual motivations and social capital on employees' tacit and explicit knoledge sharing intentions [J]. International Journal of Information Management, 2013, 33 (4), 356 – 366.

[337] Zaheer, S. Overcoming the Liability of Foreignness [J]. Academy of Management Journal, 1995, 38 (2): 341 – 363.

［338］Zahra, S. A. & George, G. . Absorptive capacity: A review, recon-ceptualization and extension ［J］. Academy of Management Review, 2002, 27 (2): 185 − 203.

［339］Zhiyi Ang and Peter Massingham. National Culture and Standadization versus Adaptation of Knowledge Management ［J］. Journal of Knowledge Manage-mengt, 2007, 11 (2): 5 − 12.

后　　记

时间荏苒，不知不觉在中央财经大学度过了三载光阴。三年中有过高兴、有过低落，更有过迷茫，但是心里更多的是对恩师的感激和谢意。闭目掩卷，孤灯苦读的日夜仍历历在目，写作过程中的艰辛让我从内心深处体会到了学术研究的神圣，不敢再轻而言之。然而痛并快乐着的过程却是如此让人回味无穷，大师们经典的文章有如甘甜的露水滋润了我贫瘠的土壤，让思绪开始活跃，文字开始成长。

回想起论文的选题及写作过程，每一次的研讨历历在目。每一次的总结与沉淀无不倾注了崔新健老师悉心的关怀和指导，崔老师渊博的知识、深邃的学术眼光是我研究前行的路标。他是一位平易近人、要求严格的老师。是他的支持，我才得以走进中财的课堂；是他的督促，我才不敢有丝毫懈怠；是他的理解，我才更加懂得做人与做学问同等重要的道理。师恩如海，唯有不断努力才能回报！

在此，还要深深的感谢中央财经大学商学院指导和帮助过我的老师，他们的博学睿智使我受益匪浅。

感谢我的爱人，我的婆婆，还有在老家默默为我牵挂的父母，为了减轻我读博期间的压力，他们默默地为了承担了家庭的重担。是他们的关心、爱护和见解支持我度过了写作中最艰苦的岁月，增强了我战胜一切困难的决心。还有特别感谢我可爱的儿子，他爽朗的笑声和天真无邪的话语，使我从容地走过了这段清苦的岁月。

感谢一起攻读博士的同学和朋友张术丹、王景峰、李键，是你们在我读博期间给了我很多无私的帮助，并让我留下了一段美好的回忆。

　　在此，特别感谢在工作和学习上给予我无私帮助的硕士师兄郭毅老师、硕士师姐张哲老师，内蒙古财经大学计算机学院孙宝军老师，是他们的陪伴和帮助，给了我无尽的动力和信心。感谢麻艳琳老师、刘继萍老师在工作上的支持与鼓励。太多的感谢与感恩无以言表，唯有以后用行动回报给那些曾经帮助过我的人。

赵云辉

2016 年 11 月